Dorothea Beigel / Ruth Frey

Was ist los in meinem Kopf?

Eine Geschichte für kleine und große Leute,
die verstehen wollen, warum das Gleichgewicht
für das Lernen so wichtig ist

Dorothea Beigel / Ruth Frey

Was ist los in meinem Kopf?

Eine Geschichte für kleine und große Leute,
die verstehen wollen, warum das Gleichgewicht
für das Lernen so wichtig ist

BORGMANN
MEDIA

Unser Buch-Shop im Internet
www.verlag-modernes-lernen.de

Externe Links

Der Verlag weist ausdrücklich darauf hin, dass eventuell im Text enthaltene externe Links vom Verlag nur bis zum Zeitpunkt der Buchveröffentlichung eingesehen werden konnten. Auf spätere Veränderungen hat der Verlag keinerlei Einfluss. Eine Haftung des Verlages ist daher ausgeschlossen.

Das Poster (Format DIN A3), die Tafeln 1 bis 14 sowie die Arbeitsblätter 1 bis 7 (Format DIN A4) stehen als Download zur Verfügung unter
https://www.verlag-modernes-lernen.de/permalink/v9446

Veröffentlicht in der Edition:
BORGMANN MEDIA · Schleefstraße 14 · D-44287 Dortmund

3., überarbeitete Aufl. 2020

Gesamtherstellung in Deutschland: Löer Druck GmbH, Dortmund

Bestell-Nr. 9446 ISBN 978-3-942976-27-5

Inhalt

Grußwort von Prof. Dr. med. Dietrich Grönemeyer

Die Prävention von Fehlernährung, Bewegungsmangel, Übergewicht und den damit zusammenhängenden Krankheiten ist eine der größten gesundheitspolitischen Herausforderungen der kommenden Jahrzehnte. Mehr als 60 Prozent aller Erwachsenen, so die Weltgesundheitsbehörde WHO, bewegen sich zu wenig. In Deutschland sind ca. 37 Millionen Erwachsene übergewichtig, 30 % von ihnen ernähren sich falsch. Vor allem aber gehen sie mit schlechtem Beispiel voran!

Kinder übernehmen die ungesunde Lebensart ihrer Eltern und leiden immer häufiger an vermeidbaren Zivilisationskrankheiten. So ist in den letzten Jahren eine deutliche Zunahme von Diabetes und Übergewicht bei Kindern und Jugendlichen zwischen 3 – 17 Jahren zu verzeichnen. Auch Rückenprobleme, die erhebliche Störungen des Wohlbefindens – bis hin zum Bandscheibenvorfall – verursachen, sind unter Schülern bereits weit verbreitet.

Seit Jahren engagiere ich mich darin, Kinder an gesunde Verhaltensweisen heranzuführen, ihnen wertvolles Wissen über den eigenen Körper und seine Funktionen zu vermitteln und kämpfe deshalb für die Integration des Faches Gesundheitsunterricht in Schulen und für die tägliche Stunde Sport. Grundsätzliche Entscheidungen über die Lebensweisen werden in Kindheit und Jugend getroffen und bestimmen die Gesundheitsrisiken im Erwachsenenalter. Bei diesem Anliegen können wir wunderbar von der kindlichen Neugier und dem natürlichen Wissensdrang junger Menschen profitieren.

Kinder wollen lernen, wir Erwachsene sollten Ihnen dazu spielerisch und auf Augenhöhe begegnen. Dieses Buch ist ein gutes Beispiel dafür, wie Kinder mit Freude und Spaß zum Lernen motiviert werden können.

Zur Person:
Der Arzt und Autor Prof. Dr. med. D. Grönemeyer setzt sich in Publikationen und Vorträgen insbesondere für eine neue Wahrnehmung der Medizin in der Gesellschaft ~~ein~~ sowie für eine undogmatische interdisziplinäre Zusammenarbeit der verschiedensten Disziplinen zwischen HighTech und Naturheilkunde zum Wohle des Patienten ein.

Seit Jahren plädiert er für die Einführung von Gesundheitsunterricht an Schulen und ist regelmäßiger Gastredner im Rahmen der „Kinderuniversitäten.

2007 gründete er die Dietrich Grönemeyer Stiftung für Prävention und Gesundheitsförderung.

Vorwort

Liebe Leserin, lieber Leser,

das vorliegende Buch „Was ist los in meinem Kopf?“ ist kein Schulbuch.
Es hat auch nicht den Anspruch, ein Schul- oder Sachbuch zu ersetzen.
Das Buch ist aus der praktischen Arbeit mit Kindern entstanden. Es nimmt ihr Interesse und ihre Freude auf, Informationen über das Gehirn und die Bedeutung des Gleichgewichts für das Lernen zu erfahren. Die Kinder lieben die Geschichte von Simon.

Das Buch wird zudem seit vielen Jahren mit außerordentlich positiver Rückmeldung bei Elternnachmittagen / Elternabenden eingesetzt. Die Geschichte von Simon informiert auch Eltern über die Hintergründe und Lerninhalte der in Krippe[1], Kita[2], Schule[3] und Verein[4] genutzten Bewegungs- und Gleichgewichtangebote.

Mein Freund, das Gleichgewicht

[1] Bildung beginnt schon auf dem Wickeltisch. Dortmund: verlag modernes lernen.
[2] Von Anfang an im Gleichgewicht. Dortmund: verlag modernes lernen.
[3] Bildung kommt ins Gleichgewicht und Beweg dich, Schule! Dortmund: verlag modernes lernen.
[4] Kinder im Gleichgewicht. Eltern-Kind-Angebot. Dortmund: verlag modernes lernen.

Was ist los in meinem Kopf?

Eine Geschichte für kleine und große Leute, die verstehen wollen, warum das Gleichgewicht für das Lernen so wichtig ist.

> Was Kinder betrifft, betrifft die Menschheit!
> Maria Montessori

Einleitung

Das Gleichgewicht spielt eine bedeutende Rolle bei allem menschlichen Tun und Handeln. Es beeinflusst unsere Gefühle und hat deutlichen Einfluss auf unser Empfinden und Wahrnehmen. Neue wissenschaftliche Studien belegen seine Auswirkung auf kognitive Fähigkeiten und den Zusammenhang zu schulischem Erfolg[5].

Viele Schulklassen, Kindertageseinrichtungen und therapeutische Praxen in Deutschland, Österreich, der Schweiz und in Luxemburg nutzen die Kalender „Bildung kommt ins Gleichgewicht“[6] und „Von Anfang an im Gleichgewicht“[7],sowie die Praxisbücher „Bildung beginnt schon auf dem Wickeltisch“[8] und „Beweg dich, Schule!“[9], um das Gleichgewicht und die Gleichgewichtsverarbeitung zu unterstützen und zu trainieren. Viele Eltern besuchen mit ihren Kindern die Eltern-Kind-Stunden „Kinder im Gleichgewicht (KIG+)“[10], um sie in ihrer Entwicklung zu fördern.

Alle genannten Angebote unterstützen Kinder in ihrer sensomotorischen, sprachlichen und kognitiven Entwicklung. Alle Angebote dienen der Stärkung von Selbstwert und Selbstbewusstheit, alle wollen Spaß und Freude vermitteln. Kinder mit Schulschwierigkeiten und/oder Problemen in der Verhaltensregulierung profitieren oftmals besonders deutlich von den Übungen, Aktivitäten und Spielen.

Interessant sind die Rückmeldungen von über 550 Schülerinnen und Schüler der 1. – 4. Klasse, die täglich, inzwischen seit Jahren mit dem Programm „Bildung kommt ins Gleichgewicht“ arbeiten.
Im Gegensatz zu ersten Annahmen von Pädagoginnen[11] und Therapeutinnen, geben die Kinder an, dass sie besonders das regelmäßige Wiederholen und das gemeinsame Durchführen der Bewegungen mit der ganzen Klasse schätzten. Langeweile und Unterforderung wurden selten beschrieben. Dazu eine Kurzfassung der Ergebnisse, die sich aus Befragungen innerhalb eines Schuljahres ergaben:

	Jungen	Mädchen
Mir machen die Gleichgewichtsübungen Spaß.	84%	93%
Ich finde es gut, dass wir alle zusammen trainieren.	92%	98%
Ich bin besser geworden im Gleichgewicht.	82%	98%
Ich möchte das Gleichgewichtstraining auch im nächsten Schuljahr weiter machen.	78%	83%

[5] www.schuleundgesundheit.hessen.de

[6] Beigel, D. (2009): Bildung kommt ins Gleichgewicht. Guten Morgen, liebes Knie. Ein Gleichgewichtsprogramm zur Lernunterstützung. Dortmund: *BORGMANN MEDIA.*

[7] Beigel, D.; Grönemeyer, D. (2011): Von Anfang an im Gleichgewicht. Ein Bewegungsprogramm für den Kindergarten mit dem Zwerg Willibald, seinen Freunden und dem kleinen Medicus. Dortmund: *BORGMANN MEDIA.*

[8] Beigel, D. Schäfer, U. (2018): Bildung beginnt schon auf dem Wickeltisch. Dortmund: verlag modernes lernen.

[9] Beigel, D. (2019) Beweg dich, Schule! Verlag modernes lernen. Dortmund: verlag modernes lernen.

[10] Beigel, D (2019): Kinder im Gleichgewicht. Verlag modernes lernen. Dortmund: verlag modernes lernen.

[11] Zur leichteren Lesbarkeit wird im Text oftmals einheitlich die weibliche Form genutzt. Alle Schüler, Erzieher, Lehrer und Therapeuten sind natürlich ebenfalls angesprochen.

Beispiele von Rückmeldungen der Kinder zum Gleichgewichtsprogramm „Bildung kommt ins Gleichgewicht“

Das Gleichgewicht zu trainieren macht Spaß

Marie, Niklas, Tobias, Elli, Henrike, Lisa, Tine, Karla, Eva, Ami, Elena, Leonie, Moritz, Jonathan, Arjanit, Sophia, Lars, Susan, Torben, Sven, Vati, Ayse, Ken, Lena, Johann, Murat, Mürvit, Ernesto, Till.

Die Übungen mit dem Kissen sind toll!

Kati, Lilli, Patrick, Tobias, Elisabeth, Jonas

Mit gefällt, dass alle mitmachen!

Tim, Dominik, Christian, Anna, Andreas, Tine, Lisa, Petra, Eni, Silke

Mit gefällt, dass ich mich am Stuhl festhalten kann!

Lukas, Asi, Leon, Sophie

Mir gefällt am Programm, dass ich mich nach der Übung gut konzentrieren kann!

Selina, Julia, Xaver, Gitta, Ulrike, Thomas

Mir gefällt, dass ich mich danach besser fühle!

Julia, Melike, Maximilian, Idrid

Mich stört, wenn manche bei den Gleichgewichtsübungen reden!

Karsten, Esra, Sina, Annika, Andi

Mich stört am Gleichgewichtsprogramm, dass eine namens Charlotte nicht mitmacht!

Torben

Mich stört am Programm, dass der Fahrstuhl so kurz dauert. Ich hätte eine Idee, man kann den Fahrstuhl länger machen!

Maximilian

Eine häufige Frage von Pädagoginnen ist jedoch nach wie vor:
„Wie vermittle ich Kindern die Wichtigkeit meines pädagogischen Bemühens, Lernen durch Bewegung zu unterstützen?"
Wie führe ich das Angebot des täglichen Gleichgewichtstrainings ein, das von Kindern ohne ein Gespräch und ohne Informationen vielleicht am Anfang als „doof", „langweilig", „bubig"[12] bezeichnet wird.
Nicht nur provokative Aussagen und das oft auffällige Verhalten von Kindern, sondern auch das Wissen, dass Pädagogik mit Kritik und Druck meist wenig hilfreich ist, fordern uns zu angemessenen Erklärungen zum Thema Gleichgewicht heraus.
Die Gleichgewichtsgeschichte von Ruth Frey soll kindgerechte Antworten auf Kinder-Fragen geben.
Sie soll das Verständnis und die Freude für das gemeinsame Tun wecken und einen kleinen Einblick in das Gehirn geben.
Sie eignet sich ebenso gut, um Eltern mit dem Gleichgewichtsprogramm vertraut zu machen.

Viel Spaß beim Lesen, Vorlesen und Erzählen einer märchenhaften Geschichte!

> Keine andere Dichtung versteht dem menschlichen Herzen
> so feine Dinge zu sagen wie das Märchen.
>
> *Johann Gottfried von Herder, 1744-1803*

[12] Ausdruck aus der Schweiz

Kapitel 1 W-Fragen

1.1 Wer nutzt die Geschichte?

- Pädagoginnen, Therapeutinnen und Kursleiterinnen[13], die Kindern, Jugendlichen oder Eltern erklären möchten, warum sie ein Gleichgewichtstraining in ihre Arbeit einbeziehen.
- Lehrerinnen, die das Thema Gehirn und Lernen mit ihren Klassen kindgerecht als Bildgeschichte (Nacherzählung/Aufsatz) erarbeiten möchten.
- Kinder, die ihren Freunden erzählen wollen, warum Bewegung wichtig ist.

1.2 Wie kam es zu der Geschichte?

Die Geschichte entstand aus dem Wunsch, Kindern zu erklären, warum Gleichgewichtsübungen im täglichen Unterricht hilfreich sind.
„Kleine Rebellen" fordern uns durch ihre unbequemen Fragen und Antworten heraus.
Den Ausschlag zur Geschichte gab die Frage der Kinder: „Wofür sollen diese Übungen schon gut sein?"

1.3 Was ist bei der Geschichte und ihrer Vorbereitung zu beachten?

1.3.1 Methodisch-didaktische Empfehlung

- Die Klasse sitzt frontal oder im Halbkreis.
- Die Erzählerin sitzt den Kindern gegenüber.
- Alle Bilder der Geschichte (idealerweise ein zusätzliches Gehirn-Modell, das anfangs abgedeckt ist) liegen in Griffnähe der Erzählerin.
- Die Geschichte eignet sich gut für eine Doppelstunde, kann aber auch in einzelnen Stunden vorgelesen oder erzählt werden, s. 1.6.
- Die Geschichte kann altersentsprechend verkürzt werden.
- Die Geschichte „Was ist los in meinem Kopf?" kann zum Einstieg oder zur Unterstützung der Arbeit mit einem Gleichgewichtsprogramm dienen.

1.3.2 Material

- Tuch zum Abdecken
- Modell vom Gehirn
- @ **Großes Schaubild Gehirn (Download)**
- Schaubilder der Geschichte

1.3.3 Achtung!

- Die Geschichte sollte alters- und entwicklungsgerecht vorgelesen/erzählt und erarbeitet werden.
- Ausdrücke oder Bezeichnungen, die jungen Kindern teilweise noch fremd sind, werden im Vorfeld oder während der Geschichte erklärt bzw. besprochen.[14]
- Kinder, die bereits Wissen und Kenntnis über das Gehirn haben, können jederzeit ihr Wissen einbringen und die Geschichte entsprechend ergänzen.
- Je mehr Spaß und Freude die Erwachsene am Erzählen der Geschichte hat, umso mehr vermag sie, Kinder am Thema zu interessieren und umso nachhaltiger werden Inhalte gespeichert.

1.3.4 Tipp

- Die Kopiervorlagen – s. Seite 47ff. – können nach Bedarf auf ein größeres Format übertragen werden.
- Das Laminieren der kopierten Schaubilder ermöglicht es, das Material vielfach zu benutzen.

---

[13] Kursleiterinnen der Eltern-Kinder-Kurse „Kinder im Gleichgewicht", ZPP zertifizierte Gesundheitskurse, siehe dazu Beigel, D. (2018): Kinder im Gleichgewicht. Dortmund: verlag modernes lernen.

[14] In der Praxis zeigte sich, dass Ausdrücke und Bezeichnungen wie Archiv, Nichtstun, Empfangshalle, Genie, schmunzelte, hastig ... in einigen Klassen besprochen werden mussten.

1.4 Wo kann die Geschichte vorgelesen oder erzählt werden?

- In der (Vor-)Schule
- In der Therapieeinrichtung
- In der Familie
- Im Verein
- An Elternnachmittagen/Elternabenden

1.5 Warum ist die Geschichte hilfreich?

Gleichgewichtsübungen sind für manche Kinder eine große Herausforderung.
Sind Gleichgewichtsreize für ein Kind schwer zu verarbeiten, werden sie möglichst vermieden. Reaktionen auf eine erschwerte Verarbeitung der Gleichgewichtsreize sind unterschiedlich. Sie zeigen sich in Form von lauter, provokativer Rebellion bis hin zur stillen Abwendung und zum Rückzug.
Begeisterung, Anerkennung und überzeugende Gründe sind Zaubermittel, um Kinder aus der Vermeidung herauszuführen. Die Geschichte möchte eines dieser Zaubermittel sein.
Sie möchte begeistern und kindgerecht Antworten auf Fragen geben, sie möchte Freude machen und einen kleinen Einblick in das Wunderwerk Gehirn geben.

1.6 Welche Möglichkeiten der Einteilung gibt es beim Erzählen?

Die Erzählerin kann – je nach Alter und Entwicklungsstand der Kinder – wählen, ob sie die Geschichte in

- einer Doppelstunde
- zwei Einzelstunden
- kurzen Einheiten

mit den Kindern erarbeiten möchte.

Ein Vorschlag / Beispiel zur Einteilung von Kurzeinheiten
Kap. 2.0 – Kap. 2.4
Kap. 2.5 – Kap. 2.6.4
Kap. 2.6.5
Kap. 2.7

1.7 Welche Erarbeitungsformen sind im pädagogischen Rahmen möglich?

1.7.1 Die Pädagogin erzählt die Geschichte von Simon und nutzt die Schaubilder des Buches.

1.7.2 Die Geschichte wird vertiefend als Nacherzählung in Form einer Aufsatz-Bildgeschichte erarbeitet. Die Pädagogin und die Kinder nutzen dazu die Kopiervorlage „Meine Gleichgewichts-Bildgeschichte“ und „Meine Bilder zur Geschichte“.

1.7.3 Die Kinder vertiefen ihr Wissen vom Gehirn mit Unterstützung der Kopiervorlage „Wer arbeitet mit, damit das Lernen gut klappt“ und/oder „Mein Gehirn: Wer wohnt wo?“.

1.7.4 „Meine Lieblingsübung“: Das Malen der Lieblingsübung/Kopiervorlage ist eine interessante und evtl. auch aussagekräftige Information für die Pädagogin/Therapeutin/Kursleiterin. Das Kind selbst wird durch das Malen zu einer bewussten Auseinandersetzung mit dem eigenen Körper und den eigenen Gefühlen bei den Gleichgewichtsübungen veranlasst. Aus pädagogischer Sicht ein wichtiger Baustein im Bereich des emotionalen- und sozialen Kompetenzerwerbs. Die Mal-Aufgabe kann bei Wunsch in Abständen wiederholt werden. Es ist für alle, auch für die Schülerinnen/Schüler oft sehr interessant, dass sich die Lieblingsübung oftmals nach längerem Einsatz täglicher Gleichgewichtsübungen verändert.

Kapitel 2 Was ist los in meinem Kopf

Eine Geschichte für kleine und große Leute, die verstehen wollen, warum das Gleichgewicht für das Lernen so wichtig ist

Gleichgewicht – was ist das eigentlich???

Habt Ihr Euch das auch schon mal gefragt?

Simon aus der 1. Klasse interessiert das auch!

Wer Simon ist und warum ihn das interessiert, davon will ich euch jetzt erzählen.

2.1 Simon und das schreckliche Monster

„Neiiiiin, lass mich los!", schrie Simon verzweifelt und versuchte sich zu befreien.
Ein gruseliges Monster hielt ihn mit seinen langen, haarigen Armen fest.
Simon strampelte wild mit seinen Beinen und schrie immer wieder: „Lass mich los, lass mich los!" Doch das Monster hielt ihn eisern fest.
Dann brummelte es plötzlich freundlich: „Hee, Schlafmütze, wach auf, es ist Morgen!"
„Morgen", sagte das Monster wirklich, „Morgen"? Simon hielt inne und schaute das Monster genauer an.
Komisch, irgendwie sah das Monster wie sein Bruder aus. Es sprach auch wie sein Bruder. „Warum schreist Du so? Hast Du wieder einen Alptraum gehabt?", wollte sein Bruder wissen.
„Ein Traum, es war nur ein Traum", dachte Simon erleichtert.
Er gab keine Antwort. Sein großer Bruder würde ihn sowieso auslachen, wenn er ihm von seinem schrecklichen Traum erzählen würde.
Das Monster war zuerst winzig klein gewesen. Es wollte von ihm wissen: „Was ergibt 9 + 3?"
Aber er wusste die Antwort nicht. Immer wieder stellte das Monster diese Frage und jedes Mal, wenn er sie nicht beantworten konnte, wuchs es.
Es wuchs und wuchs zu einem riesigen Monster.
Nein, er konnte niemandem von diesem schlimmen Traum erzählen. Bestimmt würden ihn alle auslachen.
Niemand sollte wissen, dass er nicht so gut rechnen konnte.
Alle würden ihn für blöd halten und sagen, er müsse halt mehr üben.
Doch das tat er ja! Zuhause klappte es meistens mit dem Rechnen, nur in der Schule nicht.
Mürrisch und müde stand Simon auf und machte sich für die Schule bereit.

2.2 Simon und die Schule

Simon geht in die 1. Klasse.
Seine Klassenlehrerin heißt Frau Sommer und ist sehr nett. Simon mag sie sehr.
Aber das half ihm nicht, denn heute hatte er in der 1. Stunde wieder Mathematik!
Am liebsten wäre Simon gleich zuhause geblieben. Hoffentlich musste er heute nicht wieder vor der Klasse eine Rechenaufgabe lösen. Er dachte an seinen Traum: 9 + 3!
Mann, diese Aufgabe war doch eigentlich gar nicht schwer. Auch gestern in der Schule war da so eine Aufgabe gewesen, bei der er wieder einmal die Lösung nicht gefunden hatte. Simon hatte sich so vor seinen Klassenkameraden geschämt.
Auf dem Heimweg hatten sie ihm dann auch noch „Blödmann" nachgerufen.

Mit hängenden Schultern machte sich Simon auf den Schulweg.
„Ich könnte mich doch einfach verstecken, bis die Schule vorbei ist", überlegt er.
Nein, das ging nicht! Simon wollte Frau Sommer nicht verärgern.

Ohne die Klassenkameraden anzuschauen, ging Simon auf seinen Platz im Klassenzimmer. Hoffentlich kann ich mich heute besser konzentrieren, dachte er. Manchmal gingen ihm so viele andere Dinge durch den Kopf, dass er einfach nicht richtig zuhören konnte. Die Lehrerin erklärte etwas und er hörte es nicht.
„Ach, ich habe so einen blöden Kopf!", dachte Simon verzweifelt.

2.3 Simon und seine Lehrerin

Simons Lehrerin, Frau Sommer, bemerkte sein trauriges Gesicht. „Mit Simon stimmt etwas nicht", dachte sie.
In der Pause fragte Frau Sommer: „Simon, geht es dir gut?"
„Ja, ja mir geht es bestens", sagte Simon hastig und blickte schnell zur Seite. Er traute sich nicht, seiner Lehrerin ins Gesicht zu sehen. Frau Sommer gab aber nicht so schnell auf.
„Simon, ich habe das Gefühl, dich bedrückt etwas. Hat es etwas mit der Mathematik zu tun?", fragte sie ihn.
Simon senkte den Kopf noch mehr. Frau Sommer sollte nicht sehen, dass sie Recht hatte.
Doch plötzlich sprudelte es aus Simon heraus: „ Mein blöder Kopf will einfach nicht, wie ich will und ich weiß nicht, warum er das tut. Manchmal kann ich mich einfach nicht konzentrieren und nicht denken! Ich will ja, aber manchmal geht es einfach nicht. Und oft werden auch meine Beine so zapplig und dann wird es noch schwieriger. Ich kann nichts dagegen tun. Ich verstehe meinen blöden Kopf nicht!"
Ganz unglücklich schaute Simon dabei zu seiner Lehrerin auf. Jetzt war es raus! Simon atmete erleichtert auf.
Frau Sommer nickte verständnisvoll und meinte: „Simon, das ist wirklich schwierig. Das kann ich gut verstehen. Mal überlegen, wie wir deinem Kopf helfen können."
„Frau Sommer, Jasmin geht es auch so. Sie findet ihren Kopf auch blöde. Schade, dass man keinen anderen Kopf kaufen kann!", seufzte Simon.
Frau Sommer schmunzelte: „ Ja, ich sehe, da muss ich mir wirklich etwas Gutes einfallen lassen, um deinem und Jasmins Kopf zu helfen. Das wäre ja sehr schade, wenn ihr eines Tages plötzlich ohne oder mit einem anderen Kopf in die Schule kommen würdet. Ich mag eure Köpfe sehr und freue mich jeden Morgen auf sie."

Frau Sommer wusste, dass viele andere Kinder ähnliche Probleme wie Simon und Jasmin hatten. Manche von ihnen hatten Mühe beim Schreiben, Lesen, Zuhören oder Stillsitzen.
Simons Frage „Was tut eigentlich mein Kopf?" beschäftigte sie.
Was geschieht beim Lernen im Kopf? Und warum hatte Simon das Gefühl, er hätte einen blöden Kopf? Das wollte sie herausfinden.

2.4 Frau Sommers Plan

Ein paar Tage später, als die Kinder zur Schule kamen, waren alle Stühle im Klassenzimmer im Halbkreis aufgestellt.
„Frau Sommer, was ist da unter dem Tuch versteckt?", wollten die Kinder wissen.
„Das verrate ich erst, wenn alle sitzen", meinte sie geheimnisvoll.
Ein paar Frechdachse und Ungeduldige versuchten natürlich schon vorher unter das Tuch zu schauen. Doch Frau Sommer sah es rechtzeitig und passte auf, dass das Tuch auf dem geheimnisvollen Gegenstand liegenblieb.
„Guten Morgen Kinder!", begrüßte sie die Klasse.
„Simon stellte mir vor einigen Tagen eine ganz interessante Frage. Auf die will ich heute eine Antwort geben. Simon wollte wissen, was sich in unserem Kopf tut, wenn wir lernen. Dazu habe ich euch etwas mitgebracht." Frau Sommer zog das Tuch weg.
„Wisst ihr, was das ist?", wollte Frau Sommer wissen und zeigte auf den Gegenstand.

(Die Erzählerin zieht das Tuch weg, unter dem sich idealerweise ein Gehirnmodell, ansonsten eine Zeichnung vom Gehirn befindet. Nun wird die eigene Klasse zur Klasse von Frau Sommer.)

„Das ist ein Gehirn. So eins haben wir auch, aber unser Gehirn ist nicht aus Kunststoff oder Papier, sondern aus weichem Nervengewebe.
Es ist ganz empfindlich und deshalb rundherum vom knöchernen Schädel geschützt.
Dass der Schädel aus Knochen besteht, könnt ihr spüren, wenn ihr selbst mal daran klopft."
(Die Erzählerin klopft sanft an ihren Schädel.)

„Wisst ihr, wofür wir ein Gehirn haben und was wir damit alles machen können?"
(Die Erzählerin lässt die Kinder erzählen, was sie bereits vom Gehirn gehört haben.)

„Heute wollen wir, wie Frau Sommer und ihre Klasse auch, dieses Gehirn mal ein bisschen genauer betrachten. Hat jemand von euch schon einmal ein Gehirn von innen gesehen? Kennt ihr Teile davon?"
(Die Erzählerin geht ggf. mit dem Gehirn-Modell zu den Kindern, um es ihnen aus der Nähe zu zeigen.)

„Viele Ärzte und Professoren haben das Gehirn ganz genau studiert. Sie haben jedem Teil vom Gehirn einen Namen gegeben und beobachtet, wie es arbeitet.
Die Teile heißen z. B: Formatio reticularis, Thalamus, oder Hypophyse. Wie findet ihr diese Namen? Sie klingen ein bisschen komisch, denn es sind lateinische und griechische Namen.
Wisst ihr sie noch?
Frau Sommer fand auch, dass es schwierig ist, sich diese Namen zu merken.
Darum hatte sie eine Idee, wie sie den Kindern das Gehirn vorstellen könnte."

2.5 Frau Sommer erklärt das Gehirn

„Schaut mal, hier hat Frau Sommer das Gehirn von einem Kind gezeichnet."
(Die Erzählerin legt das große Schaubild in die Mitte und nennt einen Kindernamen, der nicht in der Klasse vorkommt.)

„Das ist das Gehirn von *Olaf*. *Olaf* geht in die 1. Klasse.
Olafs Gehirn besteht aus ganz vielen Teilen.
Jeder Teil im Gehirn hat eine Aufgabe und weiß ganz genau, was er zu tun hat.
Alle Teile im Gehirn müssen aber auch gut zusammenarbeiten, nur dann ist das Gehirn gut organisiert und wir können gut denken und handeln.

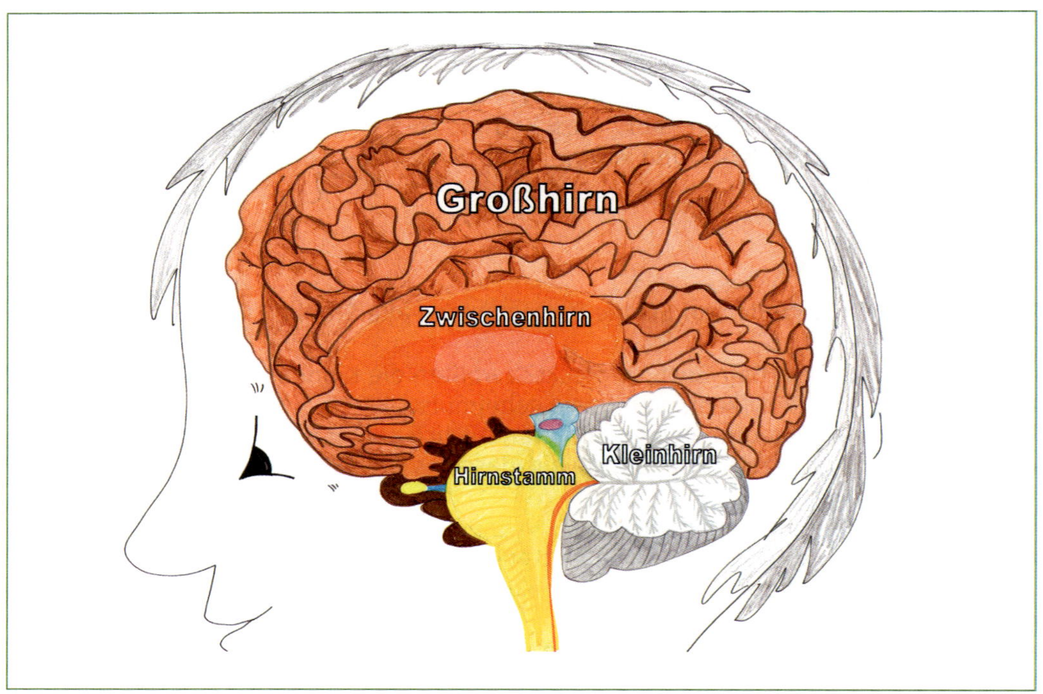

Diesen Teil, der braun gemalt ist, nennt man das Großhirn.
Das Großhirn hat selber ganz viele wichtige Teile, die verschiedene Aufgaben haben.
(Die Erzählerin zeigt das Gebiet des Großhirns auf dem Schaubild.)

Dieser Teil hier, der orange /rot gemalt ist, heißt Zwischenhirn.
(Die Erzählerin zeigt das Gebiet des Zwischenhirns auf dem Schaubild.)

Und das hier, was aussieht wie ein Blatt, ist das Kleinhirn.
(Die Erzählerin zeigt das Kleinhirn auf dem Schaubild.)

Und hier neben dem Kleinhirn befindet sich der Hirnstamm.

(Die Erzählerin zeigt den Hirnstamm auf dem Schaubild.)

Alle Teile im Gehirn sind sehr wichtig!"

2.6 Frau Sommers Geschichte vom Gehirn

2.6.1 Der Chef, das Großhirn

Das Gehirn funktioniert wie ein großes Geschäft, es gibt einen Chef und viele Mitarbeiter.
Damit das Geschäft gut läuft, müssen der Chef und seine Mitarbeiter klug und fleißig sein und sie müssen alle miteinander gut arbeiten können. Auch unser Gehirn hat eine Art Chef.
Schaut, hier oben sitzt der Chef. Er heißt Großhirn.
(Die Erzählerin zeigt das 1. Bild vom Chef und legt das Schaubild im oberen Bereich des Großhirns auf.)

Tafel 1

Der Chef, das Großhirn arbeitet sehr gerne und liebt seine Mitarbeiter. Er denkt sich immer wieder neue, gute Ideen aus, beantwortet Fragen und überlegt, wie man im Geschäft alles perfekt lösen kann.
Der Chef ist sehr neugierig und lernt gerne neue Sachen. Und ihr wisst ja, wie Chefs so sind, er befiehlt und bestimmt auch gerne.
Am glücklichsten ist der Chef, wenn er Aufgaben bekommt, die er lösen kann.
Der Chef, das Großhirn, weiß aber ganz genau, dass er diese Arbeit nicht allein schaffen kann. Darum hat er ganz viele Mitarbeiter. Ein paar von ihnen wollen wir heute kennenlernen.

2.6.2 Der Assistent im Hirnstamm

Ein wichtiger Mitarbeiter arbeitet in diesem Teil des Gehirns, dem Hirnstamm.
(Die Erzählerin zeigt auf das gelbe Gebiet des Hirnstamms.)

Hier im Hirnstamm ist der Eingang von dem großen Geschäft. Hier sitzt der Assistent.
Darf ich ihn euch vorstellen?
(Die Erzählerin zeigt das Bild vom Assistenten und legt es auf das Schaubild im Bereich des gelben Hirnstamms auf.)

Tafel 2

Der Assistent sitzt in der Empfangshalle. Er muss fast alles entgegennehmen, was ins Gehirn kommt. Wisst ihr, was das sein könnte?
Es sind Informationen von unseren Augen, den Ohren, vom Mund, unserer Haut, unseren Muskeln und vom Gleichgewicht.

Tafel 3

(Die Erzählerin zeigt das Bild und legt es auf das Bild vom Assistenten.)

Die Aufgabe des Assistenten ist nicht ganz einfach. Alle Informationen müssen gut geprüft werden. Ist die Information wichtig, muss sie zum Chef weitergeleitet werden. Ist sie unwichtig, kommt sie weg. Manche Informationen schickt der Assistent zuerst zu anderen Mitarbeitern vom Gehirn. Diese bearbeiten sie erst und geben sie dann an den Chef weiter. Es gibt auch Informationen, die muss der Assistent zuerst miteinander verbinden, bevor er sie weiterleiten kann.

Zum Glück hat der Chef einen guten Assistenten. Wenn er dies alles alleine machen müsste, dann hätte er viel zu viel Arbeit.

Wir beobachten den Assistenten gleich einmal bei der Arbeit.
Olaf hat nämlich gerade jetzt Mathematikstunde.
Olafs Ohren bringen dem Assistenten eine Information:
„Wie viel ist 5 + 5?“
Olafs Ohren leiten diese Nachricht ins Innere des Ohrs. Vom Innenohr geht die Nachricht weiter zum Assistenten.

Tafel 4

(Die Erzählerin zeigt das Bild und legt es auf das Bild vom Assistenten.)

Nun steht der Assistent vor der Entscheidung: Wichtig oder unwichtig für den Chef?
Was denkt ihr, ist dies eine wichtige Information für den Chef? Soll der Assistent sie dem Chef, dem Großhirn, weiterleiten?
Ja, das ist eine wichtige Aufgabe, denn *Olaf* ist in der Mathematikstunde.

Jetzt bringen die Augen eine Information: „Nachbarsjunge bohrt in der Nase!“
Ist diese Information in der Mathematikstunde wichtig für den Chef? Muss er etwas unternehmen?
Nein, das ist sie nicht. Die Information vom Nasebohren hilft bei der Mathematik nicht, deshalb wird sie nicht weitergeleitet.

Die Ohren melden: „Draußen spielen sie Fußball?“
Soll der Assistent dies weitermelden? Was denkt ihr?
Keine einfache Aufgabe für *Olafs* Assistenten. Er weiß, *Olaf* findet Fußball cool.
Doch im Moment hat *Olaf* Mathematik. Kann *Olaf* mit der Information vom Fußballspielen Mathematikaufgaben lösen? Nein, wirklich nicht! Der Assistent legt also diese Information weg.
Fußball ist später angesagt.

Der Job des Assistenten ist gar nicht leicht und ganz schön anstrengend.
Auch wir haben einen solch tollen Assistenten, der uns hilft. Er hat jetzt die ganze Zeit fleißig zugehört und alles dem Chef weitergeleitet.

Zwischendurch sind unsere Assistenten sehr froh, wenn sie auch mal eine Bewegungsaufgabe melden können. Das tut dem ganzen Gehirn und dem Körper gut.
Kommt wir machen mit!
Die Aufgabe ist:

„Bitte steht alle auf. Sucht euch einen Platz hier im Kreis und springt einige Male in die Luft!
Sehr gut! Ich sehe, eure Ohren und euer Assistent arbeiten gut zusammen. Ich habe noch eine weitere Aufgabe für euch:

- Hüpft alle auf einem Bein!
- Hüpft alle auf dem anderen Bein!
- Wer von euch kann den Hampelmannsprung?"

(Die Erzählerin bringt diese kurze Bewegungszeit oder eine andere beliebige Bewegungsanregung in die Geschichte ein, damit die Kinder sich danach wieder besser auf die Geschichte konzentrieren können.)

„Bitte setzt euch wieder an euren Platz!"

2.6.3 Der Mitarbeiter im Kleinhirn

Der Chef, das Großhirn, hat noch weitere Mitarbeiter.

Damit man so gut hüpfen kann, wie ihr gerade eben, hat der Chef, das Großhirn, einen weiteren tollen Mitarbeiter. Er ist hier zuhause. Es ist der Bewegungshelfer, er heißt Kleinhirn.
(Die Erzählerin zeigt das Bild vom Bewegungshelfer und legt es auf die Stelle des Schaubildes, wo das Kleinhirn ist.)

Tafel 5

Der Bewegungshelfer, das Kleinhirn, ist ein richtiger Künstler. Wann immer das Großhirn eine neue Bewegung lernen möchte, hilft ihm der Bewegungshelfer dabei.
Wenn die Lehrerin sagt „Zwei Mal hüpfen", melden die Ohren es dem Assistenten. Der Assistent meldet es dem Bewegungshelfer und dieser hilft dem Chef, das Hüpfen auszuführen.

2.6.4 Das Archiv

So, mal schauen, wie es unserem Chef, dem Großhirn, mit seinen tollen Mitarbeitern geht.
Er ist so richtig glücklich und zufrieden.

Olaf ist immer noch in der Mathematikstunde.
Die Lehrerin stellt neue Rechenaufgaben.
Der Assistent leitet die Rechenaufgaben an den Chef weiter und alles läuft gut.

Tafel 6

(Die Erzählerin zeigt das Bild vom Chef beim Rechnen und legt es auf das Bild vom Großhirn.)
„6 + 6 =
7 + 7 =
8 + 8 ="
Da kommt wieder eine Aufgabe. Doch bei dieser Aufgabe zögert der Assistent.

Tafel 7

(Die Erzählerin zeigt das Bild und legt es auf das Bild vom Assistenten.)
„5 + 5 = ..."
„Soll ich diese Aufgabe wirklich dem Chef weitermelden? Der Chef hat diese Aufgabe schon mal bekommen. Kinder könnt ihr mir helfen? Ist diese Aufgabe nun wichtig oder unwichtig?", fragt der Assistent die Kinder.

(Die Aufgabe ist wichtig, denn die Lehrerin hat die Schüler danach gefragt. Der Assistent soll sie weiterleiten.)

„Ich danke euch herzlich für eure Unterstützung. Ich werde sie gleich dem Chef weiterleiten".

Dem Chef geht es gut. Bis jetzt hat er alle Aufgaben richtig gelöst. So gefällt ihm das Leben.
„Super, wieder eine neue Aufgabe. Ich liebe Mathematik!
Na, dann wollen wir mal", meint er zufrieden.
„Was? Schon wieder 5 + 5?
Heeee, Assistent, das habe ich schon einmal gelöst!"
Der Assistent winkt ab und meint beleidigt: „Das ist aber eine wichtige Aufgabe Chef! Stimmt doch Kinder, oder?"
„Der Assistent hat recht", denkt der Chef.
„Doch Aufgaben, die ich schon mehrmals gelöst habe und die so leicht sind, dass ich mich an ihr Ergebnis erinnere, die brauche ich nicht nochmals zu lösen. Das benötigt viel zu viel Zeit.
Dafür gibt es ein Archiv, das Gedächtnis.

Tafel 8

Alles, was ich gelernt habe und an was ich mich erinnern kann, wird dort im Gedächtnis abgelegt.
Bekommt der Assistent eine Aufgabe, kontrolliert er zuerst im Archiv, ob die Lösung dort schon zu finden ist. So habe ich mehr Zeit, spannende und neue Aufgaben zu lösen!
Ach, bin ich gut! Ich liebe gute Ideen, die funktionieren", jubelte der Chef, das Großhirn.

„Schaut mal, das Archiv ist ungefähr hier – ganz in der Nähe des Chefs."
(Die Erzählerin zeigt auf dem großen Schaubild das Gebiet des Archivs – den oberen Teil des Zwischenhirns/unteren Teil des Großhirns und legt das Bild des Archivars dort auf).

Im Archiv herrscht gute und genaue Ordnung. Der Archivar ordnet alle Informationen, die lange im Gedächtnis bleiben sollen so, dass er sie immer wieder herausholen kann.

Nun war der Chef, das Großhirn, ganz zufrieden. Sein Geschäft lief sehr gut. Er und seine Mitarbeiter fühlten sich wohl.

2.6.5 Störung!!!

Eines Morgens aber geschah etwas Merkwürdiges im Gehirn.
Der Assistent brachte an diesem Tag plötzlich ganz, ganz viele Aufgaben.

Nicht schön, eine Aufgabe nach der anderen, nein, ganz viele Aufgaben zur gleichen Zeit. Der Chef, das Großhirn kam ins Schwitzen.
„Zum Donnerwetter noch mal, was ist denn heute los?“, schimpfte er.
„So viele Aufgaben kann ich gar nicht auf einmal lösen!
Und was sind denn das für komische Aufgaben?
Und welch ein Durcheinander?
15 + 5 =
Timo zieht andauernd die Nase hoch.
Mein Nachbar scharrt mit den Füßen.
14 + 3 =
Der Vogel auf dem Fensterbrett singt laut.
15 + 4 =
Paul stinkt, er hat Käsefüße.
13 + 4 =
Marco guckt doof.
Auf dem Flur geht jemand.
11 + 2 =
…“, stöhnte der Chef.
„Bei diesem Durcheinander kann ich ja gar nicht mehr klar denken und arbeiten.“
Der Chef, das Großhirn schüttelte nur noch den Kopf.
Es kamen immer noch mehr Informationen. Und so stapelten sich auf seinem Tisch hohe Berge.
Der Chef versuchte ganz schnell zu arbeiten und immer schneller, um all die Aufgaben zu lösen.
Doch er schaffte es nicht. Schon sehr bald war der Chef total müde und erschöpft.
„Ich schaffe es nicht!“, stöhnte der Chef ganz verzweifelt.
(Die Erzählerin zeigt das Bild und legt es auf das Bild vom Großhirn.)

Tafel 9

Am nächsten Morgen war dem Chef ganz bange.
„Bitte, bloß keinen solchen Tag mehr wie gestern“, flehte er leise.
Angespannt wartete er auf die erste Aufgabe vom Assistenten.
Es kam nichts. Der Chef entspannte sich ein wenig.
Eine halbe Stunde verging – keine einzige Aufgabe kam! – Eine Stunde später – immer noch nichts!
Langsam wurde der Chef unruhig. Das Nichtstun gefiel ihm ganz und gar nicht. Seine Beine fingen an zu zappeln und seine Finger trommelten nervös auf dem Tisch herum. Unruhig ging er auf und ab.
„Zum Donnerwetter noch mal! Wo bleiben die Aufgaben. Was ist bloß mit meinem Assistenten los!“, schnaubte er.
„Jetzt reicht es! Ich werde gehen und nachschauen!“

Der Chef ging zum Empfang in den Hirnstamm, zum Assistenten.
„Unglaublich!“, stieß der Chef hervor.
Seht selber!!!
(Die Erzählerin zeigt das Bild und legt es auf das Bild vom Assistenten.)

Tafel 10

„Der schläft ja!“, rief der Chef entrüstet.
„Der schläft in der Schulzeit!!!“
Er rüttelte ihn wach.
Der Assistent schreckte aus dem Schlaf hoch
„So geht das aber nicht“, polterte der Chef. „Bei der Arbeit wird nicht geschlafen! Die Augen, die Ohren, die Arme, die Beine, der Bewegungshelfer, das Archiv, der ganz Körper – alle sind schon lange wach. Nur Du schläfst!“
„Tut mir furchtbar leid. Ich weiß auch nicht, wie das passieren konnte. Ich schlief einfach ein“, jammerte der Assistent. „Ich fühle mich einfach nicht mehr fit. Ich weiß plötzlich nicht mehr, wie ich meine Arbeit machen muss!“, meinte er ganz bedrückt.
Schnell versuchte er wieder zu arbeiten.

Tafel 11

Assistent war völlig durcheinander und konnte sich einfach nicht mehr entscheiden, was wichtig und was unwichtig war. So gab er schon wieder alle Informationen direkt an seinen Chef weiter. Er vergaß das Kleinhirn, das Archiv und auch alle anderen Helfer. Es gab ein richtiges Durcheinander und Chaos im Gehirn.
(Die Erzählerin zeigt das Bild und legt es auf das Bild vom Assistenten.)
Der Chef, das Großhirn, war wieder total überlastet.
„So geht das nicht weiter“, seufzte der Chef.
„Ich werde mal im Archiv um Rat fragen.“

Er ging ins Archiv. Doch, oh Schreck!
„Unglaublich“, stöhnte der Chef entsetzt.
„Welch ein Chaos.“
(Die Erzählerin zeigt das Bild und legt es auf das Bild vom Archiv.)

Tafel 12

„Was ist denn hier los?“, fragte der Chef den Archivar, das Gedächtnis.
Der Archivar raufte sich die Haare und stöhnte: „Der Assistent bringt alles durcheinander! So kann ich nicht richtig arbeiten.“

„Da muss dringend etwas geschehen“, dachte der Chef. „Dem Assistenten muss geholfen werden.“
Doch wie? Und wer weiß Rat?
„Genau, die Lehrerin“, rief der Chef erleichtert.
„Sie weiß bestimmt Rat!“

2.7 Der gute Rat

Olafs Lehrerin hörte gut zu.
Sie kannte kluge Frauen und Männer, Ärzte und Professoren. Die fragte sie um Rat.
Auf der Suche nach einer Lösung für den Assistenten entdeckten diese etwas ganz Interessantes: Der Assistent erledigt seine Arbeit gar nicht alleine! Er hat einen Helfer, einen wirklich guten Freund. Und dieser Freund arbeitet so still, dass das Großhirn und auch die meisten anderen ihn gar nicht bemerkt haben. Er arbeitet wie ein Heinzelmännchen.
Darf ich vorstellen: Der Freund des Assistenten, das Gleichgewicht.
(Die Erzählerin zeigt das Bild und legt es links neben den Bildern vom Assistenten auf.)

Tafel 13

Der Freund, das Gleichgewicht, unterstützt den Assistenten und alle anderen im Gehirn bei ihrer Arbeit.
Der Freund, das Gleichgewicht, hilft bei vielen Dingen mit.
Wer von euch weiß, welche Arbeit das Gleichgewicht noch macht?

(Die Erzählerin nimmt die Ideen und das Wissen der Kinder auf und ergänzt sie mit den untenstehenden Informationen.)

Das Gleichgewicht hilft uns, dass wir aufrecht stehen können und nicht umfallen. Dank seiner Hilfe können wir springen, hüpfen, balancieren, Fahrrad fahren, Fußball spielen und uns geschickt bewegen. Das Gleichgewicht merkt, ob wir uns bewegen, uns drehen oder stillstehen. Es gibt uns den Hinweis, wo oben und unten ist.
Hat jemand von euch sein Gleichgewicht schon mal gespürt?
(Die Erzählerin wartet Aussagen der Kinder ab.)

Unseren Freund, das Gleichgewicht, spüren wir manchmal auch, wenn wir uns ganz schnell oder ganz besonders langsam drehen. Wir spüren ihn manchmal bei einer stürmischen Schiffsfahrt oder einer kurvigen Autofahrt, wenn uns schwindelig oder vielleicht sogar übel wird.

Das Gleichgewicht arbeitet nicht nur mit dem Assistenten, sondern auch mit den Augen, den Ohren, dem Bewegungsmelder, dem Gedächtnis, dem Chef und den Muskeln zusammen.
Es hilft den verschiedenen Mitarbeitern, damit sie gut im Team zusammenarbeiten können. Das Gleichgewicht ist ein kleines Genie und wirklich sehr fleißig.

Wer anderen aber so viel hilft, dem muss es selber auch gutgehen.
Vielleicht ist der Assistent so müde, weil es dem Gleichgewicht nicht so gutgeht und das Gleichgewicht ihn nicht genügend unterstützen kann?
Die klugen Männer und Frauen forschten weiter und entdeckten etwas ganz Tolles:

Hilft man dem Gleichgewicht – unterstützt man das Gehirn!
Sie entwickelten also für den Freund, das Gleichgewicht ein spezielles Unterstützungsprogramm.

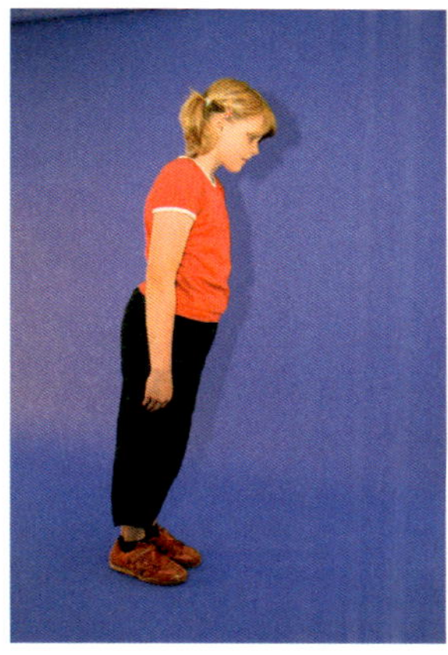

Olafs Lehrerin hat es gespannt mit allen Kindern ausprobiert. Es ist ein lustiges Bewegungsprogramm, um den Freund, das Gleichgewicht zu trainieren.
Was meint ihr, wie geht es jetzt dem Freund dem Gleichgewicht, dem Assistenten und dem Großhirn?

Am besten fragen wir gleich bei *Olafs* Chef, dem Großhirn, nach.
„Lieber Chef Großhirn, wie geht es Ihnen und dem Assistenten nach diesem Training?"
„Es ist einfach super. Unser Assistent ist wieder fit!
Doch es gibt noch mehr zu berichten. Mit diesem Training ist auch das Lesen viel besser. Die Arbeit der Augen geht leichter.
Das Zuhören gelingt gut, die Ohren sind zufrieden.
Das Rechnen macht noch mehr Spaß und auch das Schreiben. Alles geht einfacher. Die Stimmung im ganzen Gehirn ist toll. Alle sind viel besser drauf. Niemand ist mehr so schnell müde oder durcheinander, nicht mal mehr der Chef! Ha, ha, ha!
Dieses Training fürs Gleichgewicht ist einfach unglaublich toll!
Lernen macht wieder richtig Spaß! Vielen Dank für eure Hilfe!"
Olafs Gehirn war wieder glücklich.
(Die Erzählerin zeigt das Bild und legt es in der Mitte des Gehirnbildes auf.)

Tafel 14

Und wie geht es Simon und Jasmin?
Frau Sommers Klasse macht das Gleichgewichtstraining nun jeden Tag.
Simon kann sich seitdem viel besser konzentrieren und das Rechnen geht viel einfacher. Jasmin und Simon gehen wieder gerne zur Schule. Beide wollen keinen neuen Kopf mehr haben.
Alle sind jetzt glücklich und zufrieden.
Doch nein!
Nein, einer war alles andere als glücklich. Er war wütend und enttäuscht.
Könnt ihr euch vorstellen, wer dies war?
Es war Simons Alptraummonster!
Dieses war total sauer!
Simon hatte keine Angst mehr vor Mathematik!
Wie sollte es so wachsen und ein gruselig großes Monster werden?
Da blieb ihm nur ein Weg. Es verzog sich beleidigt und schimpfend und taucht nie mehr bei Simon auf.

Die Kinder haben lange zugehört. Sie benötigen nun Bewegung!
Gehörtes muss verarbeitet werden, und das Gehirn soll für neue Inhalte aufnahmebereit bleiben.
Jede Pädagogin hat ein Repertoire von Bewegungsspielen, das sie zu dieser Zeit nutzen kann.
Wer etwas Neues ausprobieren möchte, liest im nächsten Kapitel weiter.

Aus praktischer Erfahrung ist zu berichten, dass es sich für alle, die mit dem Gleichgewichtskalender[15] *arbeiten wollen, gut anbietet, nach der Bewegungssequenz den Gleichgewichtskalender vorzustellen und gemeinsam eine Übung zu machen.*

[15] „Bildung kommt ins Gleichgewicht" oder „Von Anfang an im Gleichgewicht." Dortmund: *BORGMANN MEDIA*.

Kapitel 3 Minuten-Spiele für's Gehirn[16]

3.1

„Echo-Spiel!"	
Klasse:	Eingangsstufe/Vorklasse – Klasse 4
Fach:	Mathematik, fächerübergreifend
Anzahl:	Klassenstärke
Arbeitsform:	Gruppenaktion, alternativ: im Sitzen, im Stehen hinter den Arbeitstischen, frei im Raum stehend.

Die Pädagogin zählt: „Eins, zwei, drei, vier" und zeigt dabei nacheinander
Daumen, Zeigefinger, Mittelfinger, Ringfinger in die Luft.
Die Kinder wiederholen das Gesagte und zeigen dabei die Finger in die Luft.
Die Pädagogin sagt „Wir sind alle hier!" und klatscht dabei abwechselnd zuerst in die Hände und dann auf die Knie.
Die Kinder wiederholen das Gesagte und klatschen dabei abwechselnd zuerst in die Hände und dann auf die Knie.

Wir	Klatsch in die eigenen Hände.
Sind	Paralleler Klatsch auf die eignen Oberschenkel.
Al	Klatsch in die eigenen Hände.
Le	Paralleler Klatsch auf die eignen Oberschenkel.
Hier	Klatsch in die eigenen Hände.

Die Pädagogin zählt weiter: „Fünf, sechs, sieben, acht." Sie zeigt beim Zählen die Finger in die Luft.
Die Kinder wiederholen das Gesagte und zeigen dabei ebenfalls die einzelnen Finger in die Luft.
Die Pädagogin ergänzt: „Arm und Bein in Schwung gebracht!" Sie berührt dabei im Wechsel mit der rechten Hand das linke Knie, mit der linken Hand das rechte Knie.
Das Bein wird bei der Überkreuzbewegung angehoben, damit das Knie der Hand entgegenkommt.
Die Kinder wiederholen das Gesagte und den Bewegungsablauf.

Arm	Rechte Hand berührt linkes Knie (linkes Bein wird angehoben).
Und	Linke Hand berührt rechtes Knie (rechtes Bein wird angehoben).
Bein	Rechte Hand berührt linkes Knie (linkes Bein wird angehoben).
In	Linke Hand berührt rechtes Knie (rechtes Bein wird angehoben).
Schwung	Rechte Hand berührt linkes Knie (linkes Bein wird angehoben).
Ge	Linke Hand berührt rechtes Knie (rechtes Bein wird angehoben).
Bracht	Rechte Hand berührt linkes Knie (linkes Bein wird angehoben).

Die Pädagogin zählt „Neun und zehn" und zeigt dabei die Finger in die Luft.
Die Pädagogin endet: „Einmal dreh'n und ... steh'n." Sie dreht sich dabei einmal um sich selbst ... und bleibt stehen.
Alle Kinder wiederholen das Gesagte, drehen sich und bleiben dann stehen.

[16] Spielideen Dorothea Beigel und Kinder aus verschiedenen Klassen.

Text:	Bewegung:
Eins, zwei, drei, vier,	Finger einzeln in die Luft strecken.
Wir sind alle hier!	Im Wechsel zuerst in die Hände, dann auf die Oberschenkel klatschen.
Fünf, sechs, sieben, acht	Finger einzeln nacheinander in die Luft strecken.
Arm und Bein	
In Schwung gebracht.	Hand und gegenüberliegendes Knie berühren sich.
Neun und zehn	Finger einzeln nacheinander in die Luft strecken.
Einmal dreh'n und ... steh'n.	Im Kreis um sich selbst herum drehen, dann stehen bleiben.

Stufe 1: Das Spiel wird in normaler Geschwindigkeit gespielt.
Stufe 2: Das Spiel wird im Schnelldurchlauf gespielt.
Stufe 3: Das Spiel wird in Zeitlupe gespielt.
Stufe 4: Das Spiel wird stumm, nur mit der Bewegung gespielt.

3.2

„Hahnenkampf –	**wer bleibt am längsten auf einem Bein?“ 10**
Klasse:	Eingangsstufe/Vorklasse – Klasse 6
Fach:	Sport, fächerübergreifend
Anzahl:	Klassenstärke
Arbeitsform:	Partner- oder Gruppenspiel – freies Bewegen im Raum

Ausgangsstellung:[17]
Jedes Kind hat einen Partner (das Spiel lässt sich auch in der Gruppe spielen).
Alle Kinder stehen bzw. hüpfen auf einem Bein. Die Arme werden vor der Brust verschränkt. Das Absetzen des angewinkelten Fußes ist nicht erlaubt.
Spielverlauf:
Jedes Kind versucht seinen Partner durch leichtes Schubsen mit den verschränkten Armen aus dem Gleichgewicht zu bringen, so dass dieser den Fuß absetzt.
Das Ziel ist, möglichst lange auf einem Bein zu bleiben, ohne dabei das Gleichgewicht zu verlieren.
Regel:
Es darf nur so fest geschubst werden, dass der Andere nicht hinfällt und sich nicht wehtut.
Gewonnen hat, wer am längsten hüpfend auf einem Bein bleiben kann.

Tipp:
Kinder, die aus dem Gleichgewicht gekommen sind und ihren Fuß abgesetzt haben, scheiden beim Gruppenspiel nicht aus. Sie gehen in die Hocke und zählen bis Zehn oder hüpfen alternativ fünf Hüpfer mit geschlossenen Beinen durch den Raum, ohne jemand anrempeln zu dürfen und spielen dann erneut mit. Die Pädagogin sollte Kinder im Auge behalten, die mit der Kraftdossierung noch Mühe haben. Oft sind es Kinder, die auch in der Verarbeitung der Gleichgewichtsreize Schwierigkeiten haben.

[17] Die Rückmeldung aus Anfangsklassen hat ergeben, dass das Hüpfen auf einem Bein für eine Vielzahl von Kindern – auch ohne gestört/angerempelt zu werden – nur etwa dreimal möglich ist. Hier bietet sich an, das Spiel erst zu einem späteren Zeitpunkt einzusetzen.

3.3

„Supermann“	
Klasse:	Eingangsstufe/Vorklasse – Klasse 4
Fach:	Sachkunde, fächerübergreifend
Anzahl:	Klassenstärke
Arbeitsform:	Partnerspiel im Stehen

Die Kinder stehen sich zu zweit gegenüber.
Sie klatschen zuerst in ihre eigenen Hände, dann gleichzeitig in beide Hände des Spielpartners.
Dabei sagen sie:
„Schaut ich bin ein Supermann, an dem alles zappeln kann“.
Finger, Hände, Arme, Bauch – wer kann das auch?“
Bei den Worten „Finger, Hände, Arme, Bauch – wer kann das auch?“
bewegen alle die benannten Körperteile.

Text	Bewegung:
Schaut ich bin ein Supermann, An dem alles zappeln kann. Finger, Hände, Arme, Bauch – Wer kann auch?	Abwechselnd in die eigenen Hände, dann gleichzeitig in beide Hände des Spielpartners klatschen. Einzelne Finger, beide Hände, Arme bewegen – mit dem Bauch kreisen.
Schaut ich bin ein Supermann, An dem alles zappeln kann. Zehen, Füße, Beine, Bauch – Wer kann das auch?	Abwechselnd in die eigenen Hände, dann gleichzeitig in beide Hände des Spielpartners klatschen. Die Fußzehen, abwechselnd die Füße, Beine bewegen – mit dem Bauch kreisen.
Schaut ich bin ein Supermann, An dem alles zappeln kann. Zunge, Mund, Gesicht und Bauch – Wer kann das auch?	Abwechselnd in die eigenen Hände, dann gleichzeitig in beide Hände des Spielpartners klatschen. Zunge, Mund, Gesicht bewegen – mit dem Bauch kreisen.
Schaut ich bin ein Supermann, An dem alles zappeln kann. Schulter, Rücken, Po und Bauch – Wer kann das auch?	Abwechselnd in die eigenen Hände, dann gleichzeitig in beide Hände des Spielpartners klatschen. Schultern, Rücken, Po bewegen – mit dem Bauch kreisen.

Stufe 1: Das Spiel wird in normaler Geschwindigkeit gespielt.
Stufe 2: Das Spiel wird im Schnelldurchlauf gespielt.
Stufe 3: Das Spiel wird in Zeitlupe gespielt.
Stufe 4: Das Spiel wird ohne Worte, nur mit der Bewegung gespielt.
Stufe 5: Die Spielpartner stehen mit dem Rücken zueinander. Das Spiel wird in beliebiger Geschwindigkeit/Ausführung Stufe 1 – 4 gespielt.
Stufe 6: Alle Spieler stehen im Kreis. Das Spiel wird in beliebiger Geschwindigkeit/Ausführung Stufe 1 – 4 gespielt. Anstelle des parallelen Partnerklatschens werden die Hände seitlich mit den Partnern zusammengeklatscht.

3.4

„Klatschspiel“

Klasse:	Eingangsstufe/Vorklasse – Klasse 4
Fach:	Fächerübergreifend
Anzahl:	Klassenstärke
Arbeitsform:	Partnerspiel im Stehen

Die Kinder stehen sich zu zweit gegenüber.
Sie klatschen in ihre eigenen Hände.
Die rechte Hand klatscht mit der rechten Hand des Partners zusammen.
Sie klatschen in ihre eigenen Hände.
Die linke Hand klatscht mit der linken Hand des Partners zusammen.
Sie klatschen in ihre eigenen Hände.
...

Text:
„Ich beweg mich,
Wer macht mit?
Es macht munter,
Hält uns fit!“

Am Ende des Reims macht jedes Kind eine beliebige Bewegung auf der Stelle (hüpfen, strecken, drehen ...)

„Ich beweg mich,
Ich weiß wieso,
Es hält mich wach beim Denken
Und macht gesund und froh.“

Am Ende des Reims macht jedes Kind eine beliebige Bewegung auf der Stelle (hüpfen, strecken, drehen ...)

Variation 1: Die Kinder gehen während des Klatschspiels auf der Stelle.
Variation 2: Die Kinder hüpfen während des Klatschspiels auf der Stelle.
Variation 3: Die Kinder stehen während des Klatschspiels auf einem Bein.
Variation 4: Die Kinder sitzen während des Klatschspiels in der Hocke.
Variation 5: Die Kinder spielen das Klatschspiel mit geschlossenen Augen.
Variation 6: Die Kinder gehen während des Klatschspieles bis zum Wort „mit“ bzw. „wieso“ in eine Richtung, d.h. ein Kind geht während es klatscht vorwärts, das andere Kind geht rückwärts. Mit dem Wort „es“ wird die Richtung gewechselt – nun geht das ander Kind vorwärts bzw. rückwärts.
Variation 7: Die Kinder stehen im Kreis. Sie klatschen in ihre eigenen Hände. Die rechte und die linke Hand klatschen mit der Hand des jeweiligen rechten und linken Spielpartners zusammen.

3.5

„Bewegung tut gut!“	
Klasse:	Eingangsstufe/Vorklasse – Klasse 4
Fach:	Fächerübergreifend
Anzahl:	Klassenstärke
Arbeitsform:	Gruppenspiel, alternativ: im Sitzen, im Stehen hinter den Arbeitstischen, frei im Raum stehend.

Folgender Bewegungsablauf begleitet den Spruch:
Die Hände klatschen einmal parallel auf die Oberschenkel.
Danach überkreuzen die Hände einmal in Brusthöhe.
Dann wird einmal in die eigenen Hände geklatscht.
Nun wird die Bewegungsfolge wiederholt.
Jetzt werden die Arme in die Luft gestreckt.
Bei der 2. Strophe laufen die Kinder zusätzlich auf der Stelle.

Text	**Bewegungsfolge**
Bewegung tut dem Denken gut. Bewegung macht uns frischen Mut. Es tut mir	Die Hände klatschen einmal parallel auf die Oberschenkel. Danach überkreuzen die Hände einmal in Brusthöhe. Dann wird einmal in die eigenen Hände geklatscht. Nun wird die Bewegungsfolge wiederholt.
Gut! So gut! So gut!	Beide Arme werden bei jedem „gut“ bzw. „so gut“ in die Luft gestreckt.
Bewegung tut dem Denken gut. Bewegung macht uns frischen Mut. Es macht mich	Die Kinder laufen auf der Stelle. Die Hände klatschen einmal parallel auf die Oberschenkel. Danach überkreuzen die Hände einmal in Brusthöhe. Dann wird einmal in die eigenen Hände geklatscht. Nun wird die Bewegungsfolge wiederholt.
Fit So fit So fit	Beide Arme werden bei jedem „fit“ bzw. „so fit“ in die Luft gestreckt.

3.6

„Mühlenspiele“	
Klasse:	Eingangsstufe/Vorklasse – Klasse 4
Fach:	Deutsch, Sport, fächerübergreifend
Anzahl:	Klassenstärke
Arbeitsform:	Partnerspiel – freies Bewegen im Raum

Zwei Kinder stehen sich gegenüber.
Sie überkreuzen ihre Unterarme und fassen sich mit dem Spielpartner an.
Sie lehnen sich leicht zurück, damit ihre Arme gestreckt sind, drehen sich nun gemeinsam im Kreis.
Dabei sind verschiedene Sprüche und Bewegungen möglich:

ABC-Mühle[18]

A – B – C – D – E – Mühle steh‘!	Die Kinder drehen sich gemeinsam im Kreis. Die Kinder bleiben stehen.
F – G – H – I – J – Mühle hock!	Die Kinder drehen sich im Kreis. Die Kinder gehen in die Hocke.
K – L – M – N – O – Mühle hüpfe froh!	Die Kinder drehen sich im Kreis. Die Kinder drehen sich hüpfend im Kreis (oder hüpfen auf der Stelle).
P – Q – R – S – T – U – Mühle mach die Augen zu!	Die Kinder drehen sich im Kreis. Die Kinder drehen sich mit geschlossenen Augen im Kreis. (oder stehen mit geschlossenen Augen auf der Stelle).
V – W – X – Y – Z – Mühle geh zu Bett!	Die Kinder drehen sich im Kreis. Die Kinder gehen in die Hocke (oder setzen sich auf ihren Platz und ruhen einen Augenblick aus).

Zahlen-Mühle

Ich zähle bis zehn Die Mühle bleibt steh‘n!	Die Kinder drehen sich im Kreis. Die Kinder bleiben stehen.
Ich zähle bis hundert Die Mühle geht runter!	Die Kinder drehen sich im Kreis. Die Kinder gehen in die Hocke.
Ich zähle bis tausend Die Mühle geht sausend!	Die Kinder drehen sich im Kreis. Die Kinder drehen sich schnell im Kreis.
Ich zähle bis acht Die Mühle geht sacht!	Die Kinder drehen sich im Kreis. Die Kinder drehen sich langsam im Kreis.
Ich zähle bis zwei Das Drehen ist vorbei!	Die Kinder drehen sich im Kreis. Die Kinder bleiben stehen.

[18] Da im Lese-Schreibprozess nur lautiert wird, ist von der Pädagogin zu entscheiden, ob ein Einsatz des Verses schon vor dem Erlernen des Alphabets genutzt werden soll.

3.7

„Körperreise“	
Klasse:	Eingangsstufe/Vorklasse – Klasse 4
Fach:	Sachkunde, Mathematik, Fächerübergreifend
Anzahl:	Klassenstärke
Arbeitsform:	Gruppenspiel im Stuhlkreis

Alle Kinder sitzen im Stuhlkreis, ein Stuhl bleibt frei. Das Kind, dessen rechter Stuhl frei ist, nennt einen Teil des Gehirns – z. B. „Großhirn“ – und setzt sich auf den nächsten Stuhl.
Das nächste Kind rückt nach und sagt z.B. „Zwischenhirn“. Das nächste Kind ...
Ruft ein Kind „Gleichgewicht“, stehen alle Kinder auf. Schnell nennt das Kind eine Bewegungsart, die das Gleichgewicht anregt, z. B. hüpfen, krabbeln, rückwärtsgehen, tanzen, drehen ...
Alle Kinder bewegen sich daraufhin in der aufgerufenen Bewegungsform und suchen sich einen neuen Platz.
Das Kind, dessen rechter Stuhl frei ist, ruft einen Teil des Gehirns auf ...

Variation 1: Es werden nicht nur Teile des Gehirns, sondern auch Körperteile benannt.
Variation 2: Beim Spiel wird gezählt. Anstelle einer Zahl, z. B. der Zahl sieben wird das Wort „Gleichgewicht“ gerufen.
Variation 3: Es wird rückwärts gezählt.
Variation 4: Es wird jede zweite Zahl benannt. Anstelle einer vorher vereinbarten Zahl wird das Wort „Gleichgewicht“ gerufen.

Kapitel 4 Und ...? ... Aha

Zusatzinformationen für neugierige Kinder

4.1 Das menschliche Gehirn ...

Das menschliche Gehirn ist (gemeinsam mit dem Rückenmark) die Steuerzentrale des ganzen Körpers. Das menschliche Gehirn ist ungefähr so groß wie zwei geballte Fäuste.
Von außen ähnelt es – mit all seinen Spalten und Windungen – dem Aussehen einer Walnuss.
Das Gehirn wiegt ungefähr 1245 g (Frauen) – 1375 g (Männer)[19]. Zwischen der Größe und dem Gewicht des Gehirns und der Intelligenz besteht jedoch kein Zusammenhang! Wer also ein schweres oder großes Gehirn hat, ist nicht unbedingt klüger als andere Menschen.
Einige Wissenschaftler nennen das Gehirn „ein Wunderwerk", denn das Gehirn kann noch viel mehr als jede Maschine oder jeder Computer. Es kann denken und fühlen!
Alle Informationen – Informationen aus dem eigenen Körper und Informationen aus der Umwelt – laufen im Gehirn zusammen. Das Gehirn nimmt die Reize z. B. über die Augen, die Ohren, die Haut, das Gleichgewichtsorgan ... auf, es verarbeitet die Reize und leitet sie an die verschiedenen Organe weiter. Es sorgt für eine Reaktion auf die Informationen und regelt gleichzeitig die Zusammenarbeit aller Organe und Systeme.

Aha!!
An jeder unserer ganz einfachen, normalen täglichen Handlungen, wie z. B. dem Tischdecken, ist unser Gehirn genauso beteiligt, wie an einer schweren Rechenaufgabe.
Beim Tischdecken muss das Gehirn zuerst einmal die Idee haben, den Tisch zu decken.
Dann muss es wissen, in welchem Zimmer es den Tisch decken will.
Es muss den Weg von der Küche zum Tisch finden, es muss dabei aufpassen, dass wir nicht gegen den Tisch oder den Schrank laufen.
Es muss Augen, Ohren, Hände, Füße koordinieren und dafür sorgen, dass wir unser Gleichgewicht halten, dass wir nichts fallenlassen oder umwerfen.
Es muss wissen, wo die benötigten Gegenstände im Küchenschrank stehen und darauf achten, dass wir nur die Dinge herausholen, die wir für diese Mahlzeit benötigen (zum Decken des Frühstückstisches benötigen wir in der Regel keine Suppenkelle oder Spaghettizange).
Es muss die Übersicht haben, damit Tassen, Teller ... an der richtigen Stelle stehen.
Das Gehirn muss zudem wissen wo oben und unten, rechts und links ist, muss fühlen, was heiß und kalt ist ... Alles plant unser Gehirn blitzschnell, es sorgt für zielgerichtete und korrekte Durchführung, denn sonst wären wir mit dem Decken des Frühstückstisches am Abend noch nicht fertig.

Jeder Mensch – jedes Kind, jeder Erwachsene – ist einzigartig! Jedes Gehirn ist einzigartig!
Menschen reagieren daher auch auf Informationen, Erlebnisse oder Sinneseindrücke, wie sehen, hören, riechen, schmecken sehr verschieden.

Aha!!
Du genießt es vielleicht, hoch oben auf einem Berg zu stehen: Du findest es großartig, die Tiefe und Weite unter Dir zu erleben.
Andere Menschen vermeiden es, hoch oben auf einem Berg zu stehen. Ihnen wird es schwindelig, sie bekommen Angst in der Höhe, denn sie haben das Gefühl jederzeit abstürzen zu müssen.

Aha!!!
Du liebst es vielleicht, Vanilleduft im Raum zu riechen, es geht Dir besonders gut dabei.
Andere Menschen empfinden den Duft von Vanille als aufdringlich und unangenehm, sie finden es „stinkt".

Aha!!
Du magst vielleicht die langsame Drehung beim Gleichgewichtsprogramm. Du findest die Ruhe angenehm und fühlst Dich gut dabei. Andere Kinder finden die Drehung beim Gleichgewichtskalender schrecklich, langweilig und blöd. Sie fühlen sich unruhig und unwohl dabei.

---

[19] Kirschbaum, Clemens (2008): Biopsychologie von A bis Z. Heidelberg: Springer.

4.2 Das Gehirn liegt in der Schädelhöhle und ...

Das Gehirn liegt in der Schädelhöhle und ist somit (wie das Rückenmark) vollständig von Knochen umgeben. Zusätzlich wird es schützend von den drei Hirnhäuten umhüllt:

- Harte Hirnhaut
- Spinngewebshaut
- Weiche Hirnhaut

Zwischen der Spinngewebshaut und der weichen Hirnhaut befindet sich ein Spalt, der mit Gehirnflüssigkeit gefüllt ist und dem Gehirn zusätzlichen Schutz gegen äußere Einflüsse bietet.

Aha!!
Mit dem Tragen eines Helms kannst Du Kopfverletzungen verringern. Bei Sportarten wie z. B. Fahrradfahren, Inline-Skating, Skifahren, Eishockey ... ist es wichtig, den Kopf zusätzlich durch einen Helm zu schützen.
Bei Kopfverletzungen können sowohl die Schädelknochen (Schädelbruch) und/oder das Gehirn selbst (Gehirnerschütterung oder Hirnverletzung) verletzt werden.
Bei einer Gehirnerschütterung kommt es zu Kopfschmerzen, Übelkeit, Schwindel und eventuell zum Erbrechen. Wenn man gestürzt ist oder einen Schlag auf den Kopf bekommen hat, sollte man vorsichtshalber den Arzt aufsuchen.

4.3 Für die Blutversorgung des Gehirns sind ...

Für die Blutversorgung des Gehirns sind vier große Arterien zuständig, die vom Rumpf in den Kopf ziehen: die rechte und linke innere Halsschlagader, die rechte und linke hintere Wirbelarterie.
Das menschliche Gehirn ist auf eine gute Durchblutung angewiesen, denn es wird über das Blut ständig mit Sauerstoff und Nährstoffen versorgt.
Kommt es zu einer Mangelversorgung des Gehirns mit Sauerstoff, führt dies zu Müdigkeit und Konzentrationsschwierigkeiten.
In einer Studie belegte der englische Psychologe Andrew Scholey, dass Testpersonen, die reinen Sauerstoff einatmeten, das Erinnerungsvermögen im Kurzzeitgedächtnis verdoppelten.[20]

Aha!!
Das regelmäßige Lüften von Klassenzimmern ist sehr wichtig, denn Sauerstoff steigert die Leistungsfähigkeit des Gehirns!
Ein einfacher Tipp ist das fünfminütige Lüften – Fenstern weit öffnen – vor jeder Stunde und idealerweise auch zur Stundenmitte.
Einige Klassen nutzen „Luftampeln", die zur Messung des Co_2-Gehaltes im Klassenzimmer eingesetzt werden und durch Farbe oder Ton auf die Notwendigkeit des Lüftens hinweisen.
Zu wenig Sauerstoff im Klassenzimmer führt zu Schläfrigkeit, Müdigkeit, Nachlassen der Aufnahmefähigkeit, Konzentrationsverlust, Nachlassen der Arbeitsleistungen, Zunahme des Ansteckungsrisikos bei Infekten.[21]

Aha!!
Kinder und Lehrerinnen, die zu Fuß zur Schule gehen oder Bus und Bahn zu Fuß erreichen, machen ihr Gehirn aufnahme- und denkfähig!
Körperliche Bewegung in frischer Luft steigert das Erinnerungsvermögen bis zu 20%.[22]
Die gesteigerte Sauerstoffaufnahme durch Bewegung im Freien bringt das Gehirn in Schwung und sorgt zusätzlich für die

- Verbesserung des Wohlbefindens
- Steigerung der Motivation
- Aktivierung von Körper und Geist.

---

[20] http://www.wissenschaft.de/wissenschaft/hintergrund/154520.html

[21] Weitere Infos: *http://www.hamburg.de/contentblob/1016502/data/lueften-von-klassenraeumen.pdf.*

[22] http://www.handicap-network.de/handicap/Glossar/glossarg.htm

Obwohl das Gehirn nur wenig wiegt – etwa zwei bis drei Prozent des Körpergewichts – ist es der Hauptenergieverbraucher im Körper, es verbraucht etwa 15 % – 20 % der Gesamtenergie des Körpers.[23] Bei Stress entzieht das Gehirn dem Körper noch mehr Energie.
Falsche Ernährung und zu wenig Bewegung lassen das Gehirn ebenfalls ermüden und erschöpfen.

Aha!!
Minuten-Bewegungen gehören in alle Unterrichtsfächer, denn sie dienen dem Stressabbau und fördern zudem das Denk- und Konzentrationsvermögen!
Sie gehören zum Lernen, weil sie die Durchblutung des Gehirns anregen und das Verarbeiten des Gelernten unterstützen.
Lerninhalte können durch gleichzeitige Bewegung wahrscheinlich doppelt codiert werden und sind dadurch schneller und sicherer aus dem Langzeitgedächtnis abrufbar.[24]

Aha!!
Gesunde Ernährung ist ein Fitmacher für das Gehirn!
Zu lange Pausen zwischen den Mahlzeiten führen zu Nervosität, Gereiztheit und unkonzentriertem Verhalten.

- *Kohlenhydrate liefern Energie (Vollkorngetreide, Gemüse, Kartoffeln, Hülsenfrüchten und Obst).*
- *Eiweiße sind wichtige Baustoffe (Fisch, mageres Fleisch, Eier, Milch und Milchprodukte, Hülsenfrüchte, Sojaprodukte, Vollkorngetreide, Nüsse und Gemüse).*
- *Nerven brauchen Fett (Fische wie Makrele, Hering, Thunfisch, Lachs, Heilbutt und Sardinen Pflanzenölen und Nüsse).*
- *Vitamine und Mineralstoffe*[25] *sind lebenswichtig (Obst, Gemüse, Milchprodukte, Fisch, Fleisch, Eier, pflanzliche Öle, Vollkornprodukte und Nüsse).*
- *Wasser fördert das Denken. Es verbessert die Durchblutung und die Herz-Kreislauf-Tätigkeit.*
- *Ideal ist eine Flüssigkeitszufuhr von zwei Litern pro Tag in Form von Wasser, Tee oder Saftschorle.*

Das häufige Essen von zu viel Süßem macht müde und schlapp.

4.4 Das Gehirn besteht hauptsächlich aus ...

Das Gehirn besteht hauptsächlich aus Nervengewebe. Es ist mit etwa 100 Milliarden Nervenzellen (Neuronen) und etwa einer Billion Stützzellen (Gliazellen) ausgerüstet.
Jede Nervenzelle steht mit der nächsten in Kontakt und gibt über ihre Schaltstellen – die Synapsen – die eingegangenen Impulse an sie weiter.
Jede einzelne Nervenzelle kann mit vielen Tausenden benachbarter Nervenzellen über Synapsen in Verbindung treten. Die Verschaltung geht dabei rasend schnell.

Nervenzellen bestehen aus einem Zellkern, aus einem Axon und mehreren Dendriten.
Als Axon bezeichnet man den Fortsatz der Nervenzelle, der Nervenimpulse vom Zellkern wegleitet. Ein Axon kann weniger als ein Millimeter bis über einen Meter lang sein.
Dendrit wird der astartig-verzweigte Fortsatz der Nervenzelle genannt, der zur Aufnahme der Reize dient.
Verbindungen zwischen Nervenzellen entstehen, wenn verschiedene Nervenzellen gleichzeitig aktiviert werden.
Alles, was mit Lernen und Gehirnentwicklung zu tun hat, beruht auf dem Wachstum bzw. den Veränderungen dieser Verbindungen zwischen den Nervenzellen.
Das ganze Leben lang entstehen, verändern oder vertiefen sich Verschaltungen im Gehirn. Besonders viele Verbindungen und Verschaltungen des Gehirns entstehen allerdings in der Kindheit.

Menschen haben die hervorragende Möglichkeit, ihr Gehirn durch Erfahrungen und Lernen bis ins hohe Alter zu trainieren.

Aha!!
Wenn wir zum Beispiel in der Klasse mit dem Gleichgewichtskalender arbeiten, so werden bei uns gleichzeitig die Nervenzellen aktiv, die für das Hören der Stimmen der Mitschüler genutzt werden (beim gleichzeitigen Sprechen des Spruchs zur Bewegung) und die Nervenzellen, die das eigene Sprechen der Laute vom Gedicht ermöglichen. Es werden die Nervenzellen aktiv, die mit dem eigenen Spüren der Haut, der Muskeln, Sehnen und Gelenke in Zusammenhang stehen und zur gleichen Zeit alle Nervenzellen, die für die einzelnen

---
23 Tim Versing (2009): Der Neurophysiologische Blick auf das Lernen. München: Grin Verlag.
24 Liebertz,Ch. (2004): In Gehirn und Geist, 7/2004, S. 70
25 Mineralstoffe: u.a Natrium, Kalium, Kalzium, Magnesium, Chlorid und Phosphat.

Bewegungen und das Halten des Gleichgewichts zuständig sind. Bei einigen Übungen werden zusätzliche Nervenzellen genutzt, die mit der Blicksteuerung und dem Sehen der Augen befasst sind. Wiederholt sich das Training täglich, kommt es zu einer verstärkten Vernetzung aller beteiligten Gebiete. Die entstandenen Vernetzungen unterstützen viele andere Lernsituationen in der Schule und im täglichen Leben.

Wasser ist eine der wichtigsten Substanzen im Körper. Es füllt jede Zelle, umschließt sie von außen und fließt in unseren Körpergefäßen. Ohne Wasser kann der Mensch nicht leben. In den weichen Körpergeweben wie z. B. Muskeln, Gedärm, Nieren, Leber besteht die Zelle zu 70 % bis 75 %, im Gehirn schätzungsweise zu 85 % bis 90 % aus Wasser.
Blut, Lymphe, Galle, Magensaft, Spucke, Schweiß, alle diese Körpersäfte bestehen hauptsächlich aus Wasser. Nur wenn der Körper ausreichend mit Flüssigkeit versorgt ist, stimmt auch die Durchblutung im Gehirn und die Nervenzellen können optimal miteinander kommunizieren.
Die Gehirnzellen sind die ersten Zellen, die auf Wassermangel reagieren. Sie reagieren äußerst empfindlich – geistige Leistungsminderungen, Müdigkeit bis zur Orientierungsstörung sind als Folge von Flüssigkeitsmangel bekannt.[26]

Aha!!
Wenn wir im Unterricht Wasser trinken, unterstützen wir die Arbeit unseres Gehirns. Das Trinken von Wasser im Unterricht steigert die Konzentration und unterstützt das Denken und Lernen.

4.5 Hirnstamm

Das Gehirn lässt sich in verschiedene Abschnitte gliedern[27]:

- Hirnstamm
- Kleinhirn
- Zwischenhirn
- Großhirn

Der **Hirnstamm** ist der älteste Teil des Gehirns. Er verbindet das Gehirn mit dem Rückenmark.
Im Hirnstamm laufen viele Nervenbahnen aus allen Gebieten des Körpers zusammen.
Im Hirnstamm befinden sich lebenswichtige Steuerungszentren für Atmung, Blutdruck, Herzfrequenz und Verdauungsfunktionen.
Durchzogen wird der Hirnstamm von der Formatio reticularis[28], einer netzförmigen Nervenmasse. Sie hat mehrere Aufgaben.
Ihre Hauptfunktion ist es, die Großhirnrinde zu wecken, damit der Mensch wach und aufmerksam sein kann.
Wenn Hören, Sehen, Tasten – besonders aber das Gleichgewichtssystem – aktiviert werden, wird die Formatio reticularis unterstützt, mehr Impulse an die Großhirnrinde weiterzuleiten, um damit die Aufmerksamkeit der Person zu erhöhen.
Zusätzliche ist es Aufgabe der Formatio reticularis, zu viel eintreffende Wahrnehmungsreize zu hemmen. So schützt sie das menschliche Gehirn vor einer Reizüberflutung.

Kautzmann nennt den Hirnstamm „eine Art Schalter für das Licht, das den Aufmerksamkeitsraum beleuchtet".[29]

Aha!!
Wir trainieren das Gleichgewicht, um im Unterricht aufmerksamer und wacher zu sein.

Aha!!
Bewegungsspiele, die mit Lerninhalten der einzelnen Fächer, Deutsch, Mathematik, Fremdsprachen, Naturwissenschaften ... verbunden sind, wecken das Gehirn und steigern den Lernerfolg.
Ein Beispiel ist das Gleichgewichts-Spiel „Rechenjogging"[30]:

---

[26] Beigel, Dorothea (2017): Flügel und Wurzeln. Dortmund: verlag modernes lernen.

[27] Die Einteilung des Gehirns ist je nach Lehrbuch und Institution verschieden. In einigen Lehrbüchern werden die Begriffe Hirnstamm und Stammhirn gleich meinend genutzt. Andere Lehrbücher unterscheiden die Bezeichnungen und ordnen dem Stammhirn Gehirnabschnitte des Hirnstamms und des Zwischenhirns zu.

[28] Wird auch **A**scending **R**eticular **A**ctivating **S**ystem (Aufsteigendes retikuläres Aktivierungssystem) genannt.

[29] Kautzmann, 1999, S.92

[30] Auszug aus: Beigel, Dorothea (2019): „Beweg dich, Schule!" Eine Prise Bewegung im Unterricht der Klassen 1-13. Dortmund: verlag-modernes-lernen.

Eine Zahl zwischen 2 und 10 wird ausgemacht und an die Tafel geschrieben, z. B. die 2.
Alle Schülerinnen und Schüler joggen auf der Stelle.
Die Spielleiterin ruft eine Zahl.
Ist diese Zahl in der 1 × 2-Reihe (2, 3, 4, ... 10), drehen sich die Schülerinnen und Schüler sofort auf der Stelle.
Ist die Zahl nicht in der 1 × 2-Reihe, wird weiter auf der Stelle gejoggt.

4.6 Kleinhirn

Das **Kleinhirn** befindet sich im hinteren Teil des Kopfes. Genauso wie das Großhirn besteht es aus zwei Teilen. Es steuert und kontrolliert die Körpermuskulatur.
Es koordiniert Bewegungen und sorgt dafür, dass sie flüssig ablaufen. Alle fein- und grobmotorischen Bewegungen aktivieren das Kleinhirn und unterstützen dadurch geistige Leistungsfähigkeiten. Zu den feinmotorischen Bewegungen gehören z. B. Fingerbewegungen, Bewegungen der Fußzehen, der Zunge, der Lippen der Gesichtsmuskulatur.
So ist das Kleinhirn auch beim Schreiben oder beim Sprechen, beides Tätigkeiten, die eine sehr feine, abgestimmte Zusammenarbeit der Muskeln erfordern, aktiv.
Das Kleinhirn arbeitet eng vernetzt mit allen Sinnessystemen zusammen, z. B. mit den Augen, den Ohren und dem Gleichgewichtssystem. Neuere Forschungen[31] vermuten, dass das Kleinhirn auch an geistigen Prozessen beteiligt ist. Ebenso soll die Geschwindigkeit, mit der etwas neu gelernt wird, von der Mitarbeit des Kleinhirns abhängen[32].

Aha!!
Finger- und Klatschspiele trainieren das Kleinhirn und unterstützen die geistige Leistungsfähigkeit. Finger- und Klatschspiele sind also nicht nur Spiele für Babys und kleine Kinder, sondern haben in jedem Alter eine äußerst positive Auswirkung auf die Denkleistung des Menschen[33].

Aha!!
Tägliche Bewegung im Klassenzimmer ist keine verlorene Lernzeit! Bewegung im Unterricht unterstützt das Lernen und Leisten sogar!
Mit Bewegung lässt sich gezielt Bildung verbessern![34]

4.7 Zwischenhirn

Das **Zwischenhirn** wird oftmals auch als „emotionales Gehirn“ bezeichnet. Gefühle und Vorahnungen, wie Freude, Zufriedenheit, Wohlbefinden, Trauer, Wut, Angst haben ihren Sitz im Zwischenhirn.
Da auch Denken und Lernen immer mit Gefühlen verbunden ist, betont Prof. Dr. Gerald Hüther[35], dass Lernen in angenehmer Atmosphäre besonders gut gelingt.
Im Zwischenhirn werden unsere Erinnerungen abgelegt und wieder hervorgeholt.
Hier befinden sich wichtige Steuerungszentralen und Drüsen für die unbewussten, also nicht von unserem Willen gesteuerten Körperfunktionen des Körpers.

Aha!!
In einer angenehmen Atmosphäre lernt sich am besten!
Nicht nur ***was*** *Schülerinnen und Lehrerinnen sagen, sondern* ***wie*** *sie es sagen – der Klang der Stimme und ihre Mimik – geben den Ausschlag, ob sich alle in der Gemeinschaft wohlfühlen.*
Freundlichkeit und Hilfsbereitschaft unterstützen das Lernen.
Bitten, danken, teilen, sich gegenseitig akzeptieren, einander respektvoll zuhören – all das fördert die emotionale Intelligenz.

Aha!!
Auch das gemeinsame Klassenfrühstück ist eine Möglichkeit für ein tägliches angenehmes Gemeinschaftserlebnis. Es verschafft die Gelegenheit, voneinander zu hören, Gedanken auszutauschen, Erlebnisse auszusprechen, gehört und bemerkt zu werden – sich wohlzufühlen.

---

31 http://www.spiegel.de/wissenschaft/medizin/0,1518,750043,00.html10.03.2011
32 Dr. Michael Hogan, National University of Ireland/Galway und ein britisch-irisches Forscherteam
33 Beigel, Dorothea (2019): „Beweg dich, Schule!“ Eine Prise Bewegung im Unterricht der Klassen 1-13. Dortmund: verlag-modernes-lernen.
34 Hessisches Kultusministerium (2012): Faltblatt „Projekt Schnelle-Bildung braucht Gesundheit II“. Ergebnisse d. wissenschaftl. begleiteten Studien.
35 Renommierter Hirnforscher, Neurobiologe (Göttingen)

Aha!!
Spielen ist auch in der Schule wichtig – denn Spiel ist Freude Lernen, Bewegen und Spaß. Spielen regt die Fantasie und Kreativität an und hilft, Erfahrungen, Erinnerungen und Lerninhalte zu verarbeiten und zu vertiefen. Es motiviert, dient der Entspannung und Auffrischung des Gehirns und unterstützt eine positive Arbeitsatmosphäre sowie das Selbstwertgefühl.
Psychologen weisen darauf hin, dass sich Spielen bis ins Erwachsenenalter positiv auf den Menschen auswirkt[36]*.*

4.8 Kurzzeitgedächtnis

Eng verbunden mit unserem Zwischenhirn ist eine Region[37], die unter der Großhirnrinde liegt und maßgeblich am Lernen beteiligt ist, der **Hippocampus** (Latein: Seepferdchen).
Der Hippocampus gilt als Zentrum für das **Kurzzeitgedächtnis** und als Schaltstelle zwischen Kurz- und Langzeitgedächtnis.
Der Hippocampus ist also für die Gedächtnisbildung wichtig, denn jeder neue Sachverhalt muss zuerst über das Kurzzeitgedächtnis aufgenommen werden, ehe er entweder erlischt oder den Weg ins Langzeitgedächtnis findet.
Menschen sind täglich sehr vielen neuen Eindrücken ausgesetzt. Das Fassungsvermögen des Hippocampus' ist begrenzt – die Kapazität des Kurzzeitgedächtnisses beträgt etwa sieben Objekte. Sollen Informationen die wir aufgenommen haben zu späteren Zeiten wieder abrufbar sein, müssen sie in das Langzeitgedächtnis überführt werden. Die Weiterleitung und Integration neuer Informationen und Erfahrungen ins Langzeitgedächtnis, die im Kurzzeitgedächtnis meist nur kurze Zeit bleiben, werden vom Hippocampus maßgeblich unterstützt.
Ohne Hippocampus kann der Mensch sich keine neuen Inhalte merken!
Ein Forscherteam[38] konnte nachweisen, dass Kinder und Erwachsene, die körperlich fit sind, einen größeren Hippocampus haben und bei Gedächtnistests besser abschneiden als wenig trainierte Gleichaltrige.[39]

Aha!!
Bewegung trainiert die Gedächtnisleistung! Jeder kann sofort damit anfangen: Oft zu Fuß gehen, Treppen steigen statt Fahrstuhl fahren, das Gleichgewichtsprogramm in der Schule durchführen, Sport treiben ...
Lernen mit Bewegung verbinden: Gedichte und Vokabeln im Gehen wiederholen, Einmaleins Reihen und mathematische Formeln mit Hüpfen, Klatschspielen, Treppengehen verbinden, bewegten Unterricht in der Schule erleben[40]*.*

Um dem Gehirn die Möglichkeit zu geben, Informationen langfristig zu speichern, braucht der Mensch immer wieder Pausen. Zu viele verschiedene Lerninhalte kurz hintereinander lernen und lehren zu wollen, hemmen die Fähigkeit, Inhalte zu speichern. Schon eine Pause von fünf bis zehn Minuten unterstützt das Gehirn, Informationen zu speichern.
Wissenschaftliche Untersuchungen bestätigen, dass die Speicherung von Lerninhalten besonders gut in Schlaf- und Ruhephasen gelingt, denn das Gehirn ist auch im Schlaf aktiv und verarbeitet Ereignisse des Tages.[41]

Aha!!
Pausen sind wertvoll!
Wer zwischen dem Lernen ab und zu Pausen einlegt, kann neue Informationen besser aufnehmen und speichern. Wochenenden und Ferien haben ihren Sinn!

Aha!!
Kleine Entspannungs- oder Bewegungspausen im Unterricht fördern das Lernen[42]*, sind daher ebenso wichtig wie Schulhofpausen zwischen den Unterrichtsstunden.*

---

36 Gehirn&Geist, Nr.7-8/2009
37 Subkortikale Region
38 Art Kramer (Psychologe) von der University of Illinois und dem Beckman Institute in Champaign (USA)
39 http://www.wissenschaft.de/wissenschaft/news/311964
40 Siehe Dorothea Beigel (2019): Beweg dich Schule. Dortmund: verlag-modernes-lernen.
41 http://www.lifeline.de/news/ernaehrung-und-fitness/mentale-fitness/Schlaf-lernen-id35494.html
42 Siehe Dorothea Beigel (2019): Beweg dich Schule. Dortmund: verlag-modernes-lernen.

Aha!!
Wer gut und genügend schläft, merkt sich mehr. Regelmäßiger Schlaf unterstützt das Lernen und Leisten.

Aha!!
Wiederholt man das Gelernte am Abend noch einmal vor dem Zubettgehen, wird die Wiedergabeleistung am nächsten Morgen deutlich unterstützt.
Im Schlaf wird Aufgenommenes vom Gehirn intensiv bearbeitet.

4.9 Mandelkern

Eng vernetzt mit dem Kurzzeitgedächtnis ist die kleine **Amygdala,** die von Größe und Form einem **Mandelkern** gleicht[43]. Sie ist ganz in der Nähe des Hippocampus gelegen und ermöglicht dem Menschen, sich an Gelerntes oder Erlebtes, das mit Gefühlen verbunden ist, länger und genauer zu erinnern.
Verbindet sich beim Menschen Lernen zu oft mit Angst und Stress, kann dies Gedächtnisinhalte mindern. „Menschen lernen besser, wenn sie mit Freude lernen“[44].

Aha!!
Wird Lernen zu oft von Angst begleitet, werden Fantasie, Kreativität und Denken eingeschränkt.

Aha!!
Lernen muss Spaß machen, dann prägen sich Lerninhalte besser ein.

Aha!!
Lachen, Lächeln, Freude, Lob, Singen, Bewegen, Spielen und Entspannen sind in der Schule für Lernen und Leisten unendlich wichtig.
Sie motivieren und unterstützen, sodass Lerninhalte im Gedächtnis lang anhaltend und stressfrei verankert werden können.

Aha – deshalb!
... darf Lachen in der Schule niemals fehlen! Gemeinsam miteinander Lachen ist die beste Lernunterstützung!
... gehört Bewegung in den Unterricht. Bewegung entspannt und aktiviert – Bewegung tut gut!
... gehört Singen regelmäßig in den Schulalltag Singen macht glücklich!![45]

4.10 Langzeitgedächtnis

Das **Langzeitgedächtnis** speichert Informationen dauerhaft im Gehirn. Es ist ein riesiger Erinnerungsspeicher, der Informationen sogar ein ganzes Leben speichern kann. Eine einzelne gespeicherte und abrufbare Information wird Engramm (Gedächtnisspur) genannt. Alle Engramme zusammen ergeben das Gedächtnis.

Das deklarative Gedächtnis (Wissensgedächtnis) speichert Tatsachen und Ereignisse, die der Mensch bewusst wiedergeben kann, z.B. „Rom ist die Hauptstadt von Italien“, „ein Hund hat vier Beine“.

Das prozedurale Gedächtnis (Verhaltensgedächtnis) speichert Bewegungsvorgänge, Handlungsabläufe und Fertigkeiten, die gelernt und geübt wurden, sodass sie automatisiert, ohne nachzudenken, abrufbar sind, z.B. gehen, Rad fahren, Klavier spielen, Fernseher bedienen ...
Es ermöglicht uns, Gesichter unserer Klassenkameraden und Lehrer wiederzuerkennen, unseren Weg von der Schule nach Haus zu finden, ohne nachdenken zu müssen ...
Das Gehirn nimmt täglich unzählige Eindrücke wahr, von denen aber nur wenige im Langzeitgedächtnis gespeichert werden.
Je interessanter und fantasievoller Informationen übermittelt werden, umso nachhaltiger prägen sie sich in das Gedächtnis ein.
Informationen, die einen Menschen direkt betreffen und Informationen, an die er durch Vorwissen anknüpfen kann, gehen besonders gut ins Langzeitgedächtnis über.

---

[43] Im Register von Fachbüchern ist die Amygdala oft unter ihrem vollständigen Namen, Corpus amygdaloideum, zu finden.

[44] Prof. Dr. med. Manfred Spitzer, Professor für Psychiatrie, zitiert im Artikel von Franz Mechsner: Wie das Wissen in den Kopf kommt, http://www.geo.de/GEO/mensch/2777.html

[45] http://www.uni-protokolle.de/nachrichten/id/113523/

Informationen, die sich wiederholen, die die Kontaktstellen zwischen den Neuronen stärken, die öfter gebraucht werden, werden gefestigt und im Langzeitgedächtnis aufgenommen.
Je mehr Sinne (Sehen, Hören, Fühlen, Riechen, Gleichgewicht, ...) bei der Aufnahme von Informationen eingebunden sind, umso nachhaltiger wird das Gelernte behalten.
Stress, Schlafmangel oder ungesunde Ernährung können die Aufnahme von Informationen ins Langzeitgedächtnis erschweren oder verhindern.

Aha!!
Wiederholungen sind wichtig!
Deshalb machen wir täglich das Gleichgewichtsprogramm und auch unsere Hausaufgaben.
Wer bei Hausaufgaben Gelerntes aus der Schule wiederholt, sorgt für die Übernahme des Gelernten ins Langzeitgedächtnis.
Wer Gedichte, Merksätze, Grammatikregeln, Vokabeln immer wieder in Abständen wiederholt, speichert sie im Langzeitgedächtnis ab.

Aha!!
Wer Lernen mit Bewegung verbindet, benutzt mehr Sinneskanäle und behält Gelerntes dadurch nachhaltiger.
In der Schule kann das Lernen in allen Fächern mit Bewegung verbunden werden[46].

4.11 Großhirn

Das **Großhirn**[47] gilt als der höchstentwickelte Teil des Gehirns und nimmt – wie der Name es schon vermuten lässt – den größten Teil des Gehirns ein.
Das Großhirn ist für alle Bewegungen, die wir bewusst steuern (Willkürmotorik), für Sprache, für intellektuelle Fähigkeiten wie Planen, Denken und Konstruieren zuständig.
Es besteht aus zwei Gehirnhälften[48] die durch den sogenannten Balken[49], ein Bündel von Nervenfasern, verbunden sind.
Die rechte Gehirnhälfte ist für die Steuerung der linken Körperseite zuständig. Die linke Gehirnhälfte steuert die rechte Körperseite.
Die beiden Gehirnhälften übernehmen jeweils spezifische Aufgaben.
Die linke Gehirnhälfte arbeitet vorwiegend verbal, logisch, analytisch, rational. Sie ist also in der Regel für Sprache, Kontrolle, Ordnung und Logik zuständig.
Die rechte Gehirnhälfte arbeitet ganzheitlich. Sie ist für Fantasie, Kreativität, Gefühle, Intuition und räumliche Orientierung zuständig.
Je öfter und intensiver die beiden Hirnhälften gleichzeitig aktiviert werden, umso mehr neurale Verbindungen werden untereinander gebildet und umso leichter gelingt Lernen.
Über die etwa 200 Millionen Nervenfasern im Balken können pro Sekunde etwa vier Milliarden Botschaften laufen[50].

Aha!!
Wenn wir kriechen, krabbeln, klettern, kraulschwimmen, tanzen, turnen, wandern, Klatsch- und Fingerspiele machen (alles Bewegungen, bei denen die beiden Körperhälften miteinander arbeiten), unterstützen wir die Zusammenarbeit unserer beiden Hirnhälften – das erleichtert unser Lernen!

Die gefaltete **Großhirnrinde**[51] ist reich an Nervenzellen und bildet die etwa 2 – 4 mm dicke äußere Schicht des Großhirns.
Die Großhirnrinde lässt sich grob in vier Lappen einteilen, die durch tiefe Spalten voneinander getrennt sind.
Der Schläfenlappen[52] ist zuständig für das Hören und die Emotionen.
Der Hinterhauptslappen[53] ist zuständig für den Bereich des Sehens.

[46] Dorothea Beigel (2019): Beweg dich Schule. Dortmund: verlag-modernes-lernen.
[47] Telencephalon
[48] Hemisphären
[49] Corpus Callosum
[50] Hannaford, Carla (1996): Bewegung ist das Tor zum Lernen, S. 94.
[51] Cortex cerebri
[52] Temporallappen
[53] Okzipitallappen

Der Scheitellappen[54] ist für die Verarbeitung sensorischer Daten wie Berührung, Temperatur, Schmerz zuständig.
Der Stirnlappen[55] scheint wichtig für die Kontrolle des Bewusstseins zu sein. Er ist zuständig für Denken, Planen, Logik, kognitive Prozesse. Er ist mit allen Bereichen des Gehirns verbunden und integriert die Arbeit der anderen Gebiete.
Die Großhirnrinde empfängt vorverarbeitete Signale aus den Sinnesorganen (Auge, Ohr, Haut, Gleichgewichtsorgan, ...) und wertet sie aus. Sie sorgt für die Reaktion des Körpers in den Muskeln und Drüsen. Funktionen, die von der Großhirnrinde gesteuert werden, können sich nur angemessen entwickeln, wenn alle darunter liegenden Gehirnstrukturen (Zwischenhirn, Hirnstamm, Kleinhirn ...) optimal funktionieren. Viele bekannte Persönlichkeiten aus Wissenschaft und Praxis, die sich mit den Themenbereichen „Gehirn" und „Lernen" befassen, betonen, wie wichtig Bewegung für den gesamten Lernprozess eines Menschen ist. Eine Studie belegt, dass körperliche Aktivität nicht nur die Gedächtnisfähigkeit von Kindern verbessert, sondern auch ihre gesamte Gehirnentwicklung fördert.[56]

Aha!!
Lernen geschieht nicht nur im Kopf, sondern mit dem ganzen Körper!
Bewegung fördert die gesamte Gehirnentwicklung! Bewegung gehört in die Schule und in die Freizeit!

4.12 Das Gleichgewichtsorgan ...

Das Gleichgewichtsorgan befindet sich im Innenohr des Menschen und ist von großer Bedeutung.
Das Gleichgewichtsorgan besteht aus

- Drei Bogengängen und
- Zwei Vorhofsäckchen, sie heißen Sacculus und Utriculus.

Unser Gleichgewichtsorgan nimmt jede Verlagerung von Kopf und Körper im Raum wahr und ermöglicht uns, unser Gleichgewicht in den verschiedensten Bewegungssituationen zu halten.
Es hilft dem Menschen, die Körpermitte zu stabilisieren und unterstützt damit z. B. gezielte feinmotorische Bewegungen, somit auch das Erlernen und Beherrschen der Schrift.
Das Gleichgewichtssystem arbeitet eng mit dem Hörsystem und dem Sehsystem zusammen.
Schwierigkeiten in der Gleichgewichtsverarbeitung können deshalb z. B. auch zu verschwommenem Sehen oder zu Anstrengung bei Augenfolgebewegungen, etwa beim Lesen und Schreiben führen.
Gleichgewichtsschwierigkeiten können auch ein Grund von erschwerter Hörwahrnehmung sein. Dadurch treten Fehler im Diktat auf, obwohl der Schüler die Worte eigentlich fehlerfrei schreiben kann.

Schüler, deren Gleichgewichtssystem sich sehr anstrengen muss, ermüden schneller. Sie erscheinen oft unruhig, wirken unaufmerksam und zerstreut – sind aber intelligent und wundern sich, warum ihnen manche Dinge schwerer fallen als anderen Schülern. Sie haben oft Konzentrationsschwierigkeit, sind sehr schnell abgelenkt und machen häufige Flüchtigkeitsfehler.
Auch leichte Übelkeit, oft bei Auto- oder Busfahrten, hängt mit dem Gleichgewichtssystem zusammen.
Studienergebnisse (2010 – 2012)[57] sagen aus, dass Schülerinnen und Schüler, die ihr Gleichgewicht täglich durch Bewegungsübungen trainieren, mehr Freude an der Schule haben und bessere Leistungen im Lesen und im Rechnen zeigen.

---

54 Parietellalappen
55 Frontallappen
56 http://www.wissenschaft.de/wissenschaft/news/311964
57 Hessisches Kultusministerum (2012): Projekt „Schnecke – Bildung braucht Gesundheit II" / Faltblatt.

Aha!!
Das Gleichgewicht ist für alle Menschen wichtig!
Das Gleichgewicht ist wichtig für das Lernen!
Das Gleichgewicht ist wichtig, um sich gut zu fühlen – ruhig und ausgeglichen zu sein!

Aha!!
Jeder kann sein Gleichgewicht trainieren.
Beim Training mit dem Gleichgewichtskalender sind die langsamen Bewegungen ein besonders intensives Training für das Gleichgewicht, um sportlichen Leistungen, Lernen, Konzentration, Aufmerksamkeit und Lernfreude zu steigern.

Aha!!

Ich verstehe, warum wir das Gleichgewichtsprogramm in der Schule machen!

Der Fahrstuhl

Die Drehung

© 2013 BORGMANN MEDIA • B 9446 Beigel / Frey • Alle Rechte vorbehalten!
Kopiervorlage

Kopiervorlage

Kopiervorlage

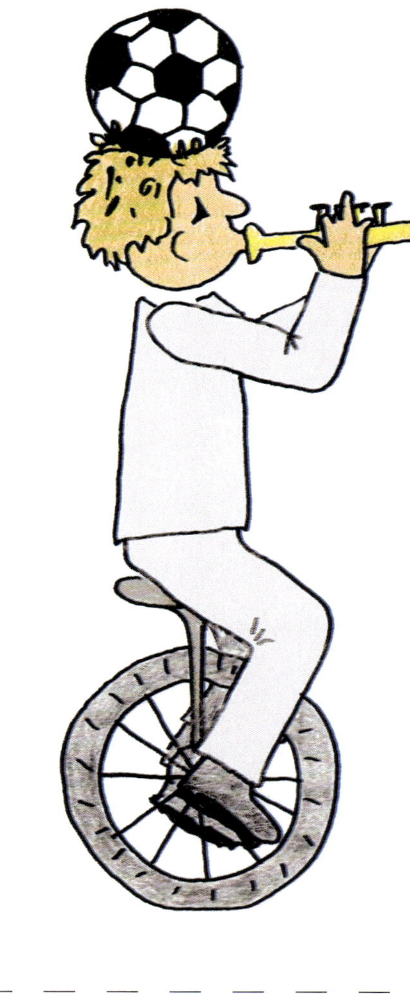

BEWEGUNGS-
HELFER

KLEINHIRN

© 2013 BORGMANN MEDIA • B 9446 Beigel / Frey • Alle Rechte vorbehalten!
Kopiervorlage

6 + 6 =

7 + 7 =

8 + 8 =

CHEF
GROßHIRN

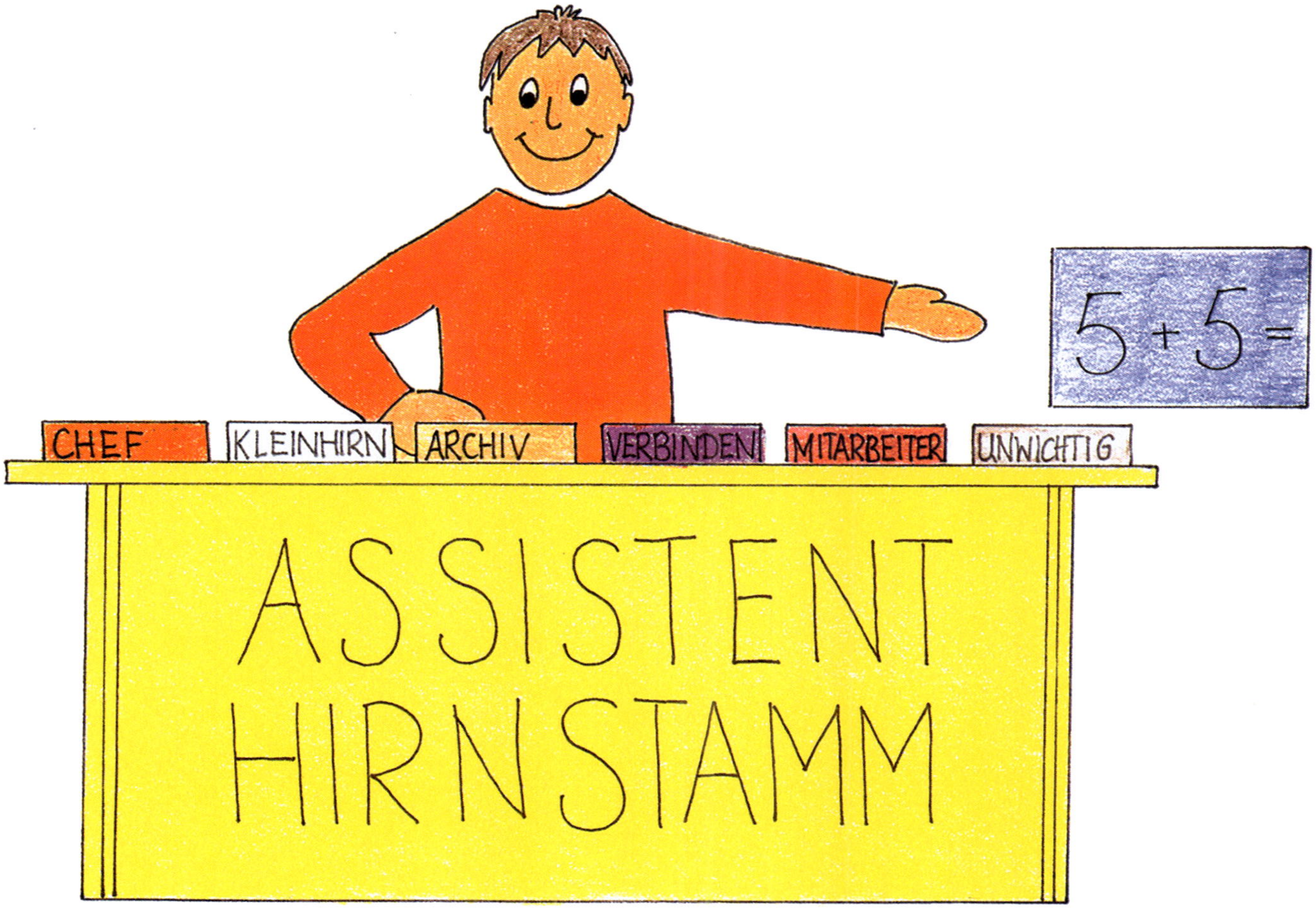
CHEF
KLEINHIRN
ARCHIV
VERBINDEN
MITARBEITER
UNWICHTIG
5 + 5 =
ASSISTENT
HIRNSTAMM

RÜCHE
GEFÜHLE
FARBEN
GERÄUSCHE
TIERE
BUCHSTABEN
ZAHLEN
FORMEN
BEW
5 + 5 = 10
6 + 6 = 12
ARCHIV
GEDÄCHTNIS

© 2013 BORGMANN MEDIA • B 9446 Beigel / Frey • Alle Rechte vorbehalten!
Kopiervorlage

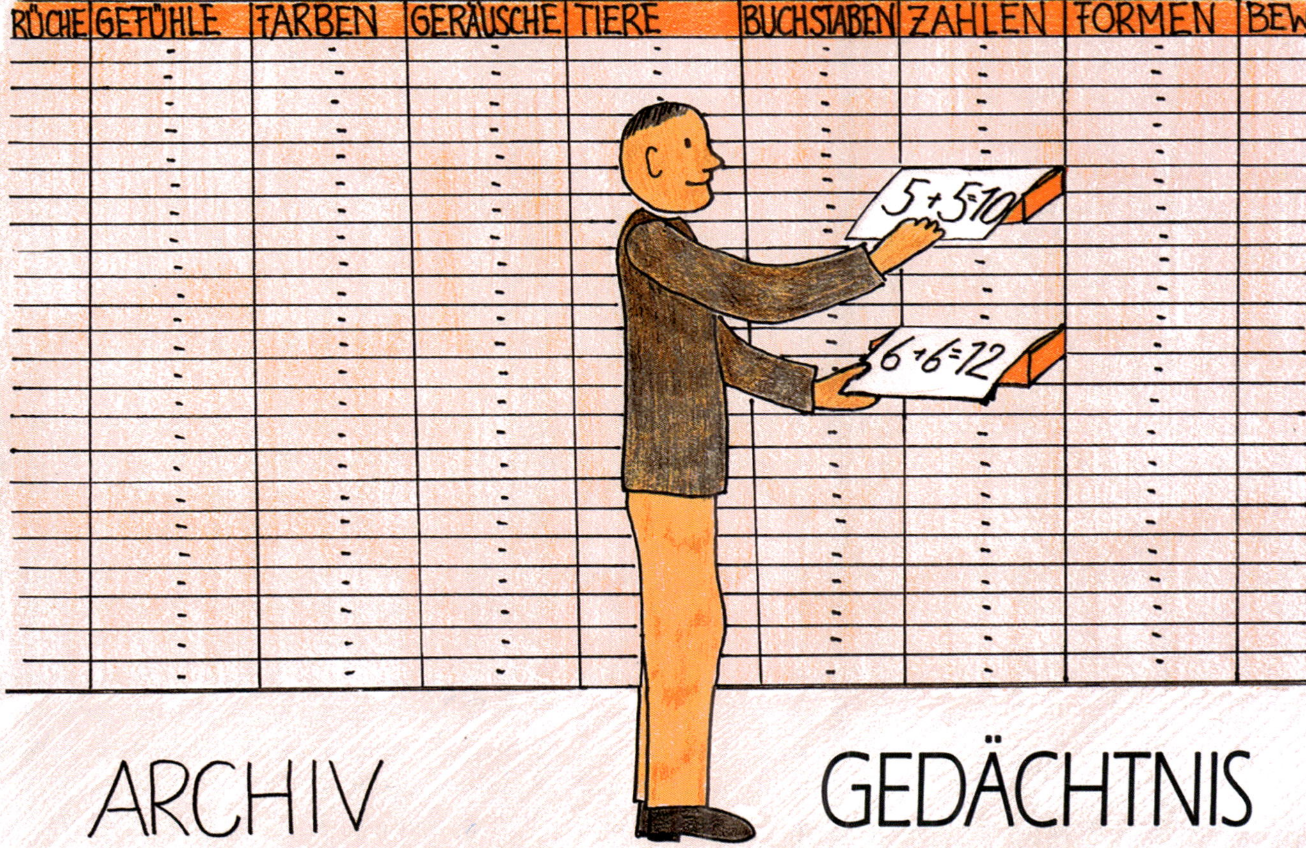

CHEF
GROßHIRN

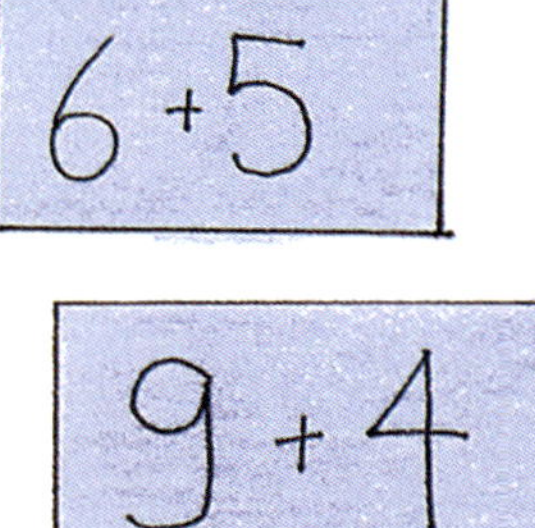

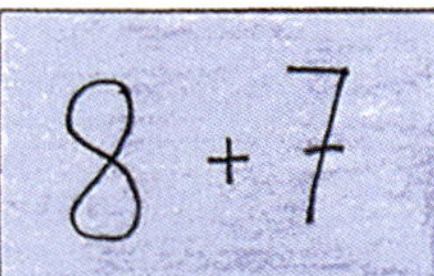

© 2013 BORGMANN MEDIA • B 9446 Beigel / Frey • Alle Rechte vorbehalten!
Kopiervorlage

© 2013 BORGMANN MEDIA • B 9446 Beigel / Frey • Alle Rechte vorbehalten!
Kopiervorlage

FREUND

GLEICHGEWICHT

© 2013 BORGMANN MEDIA • B 9446 Beigel / Frey • Alle Rechte vorbehalten!
Kopiervorlage

Kapitel 5 Ideen und Arbeitsblätter für den Unterricht

In diesem Kapitel finden Pädagoginnen und Therapeutinnen verschiedene Anregungen, um Inhalte der Geschichte mit Kindern nachhaltig zu bearbeiten.
Ziel ist, die Lerninhalte der Geschichte zu vertiefen und die Merkfähigkeit der Kinder zu erhöhen.
Fein- und grafomotorische Arbeitsphasen, die mit sprachlichen Anteilen verbunden werden, bieten sich dazu besonders gut an.

Der Einsatz der Arbeitsblätter ist in Gruppen- und Einzelarbeit möglich.
Verschieden Möglichkeiten der „gehirngerechten Nacharbeit" finden sich in Kapitel 5.1 bis 5.4.

5.1 Meine Gleichgewichts-Bildgeschichte

5.1.1 Das Gehörte wird von den Kindern in Form einer Bild-Geschichte nacherzählt.

Dazu nutzen die Kinder die Vorlageblätter „Meine Gleichgewichts-Bildgeschichte" (Anlage 1, 2, 3).

Anlage 1: Jedes Kind malt die entsprechenden Personen in die Kästchen.
Anlage 2. Jedes Kind schneidet die entsprechenden Bilder aus.
Anlage 3. Jedes Kind klebt die ausgeschnittenen Bilder in der richtigen Reihenfolge auf.

5.1.2 Die Kinder stellen ihre Geschichte vor, sie erzählen die Geschichte mit Hilfe ihrer Arbeitsblätter nach (Partnerarbeit oder Gruppenarbeit). Die Bild-Nacherzählung kann auch in Form einer Hausaufgabe bearbeitet werden.

Variation:
Die Geschichte wird in Form einer Bildgeschichte mit Unterschriften zu den Bildern oder als Aufsatz nachgearbeitet.

Geforderte Kompetenzen:
Konzentration, Merkfähigkeit, Serialität
Auge-Hand-Koordination, Feinmotorik
Kreativität, Phantasie
Umgang mit Materialien/Materialerfahrung
Sprache, Sprechen, Kommunikation
Auditive, visuelle, taktil-propriozeptive, vestibulare Wahrnehmungsverarbeitung
Emotional-Sozialverhalten
Interaktion, Einhalten von Regeln

Materialien:
Vorlage 1, 2, 3 zur Bild-Geschichte
Bleistifte/Buntstifte
Scheren, Uhu

Meine Bilder zur Geschichte (siehe Anlage 2 auf S. 67)

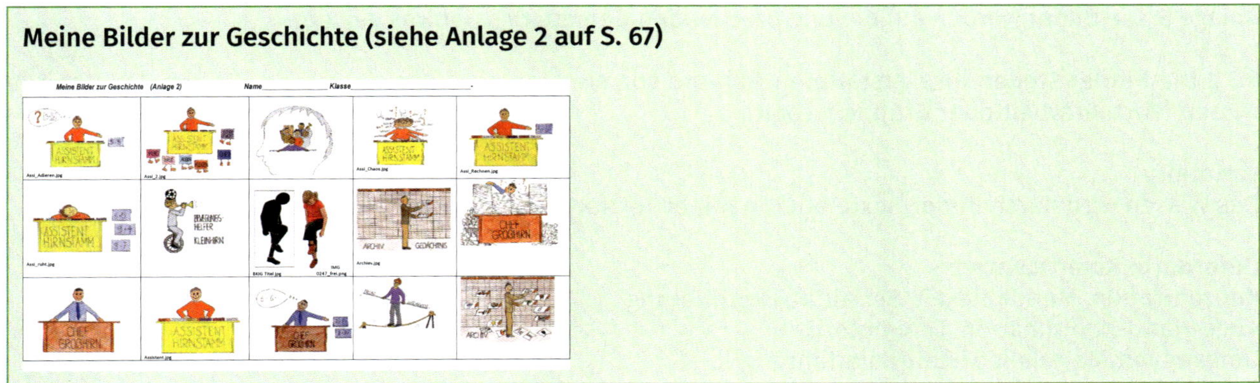

5.2 Wer arbeitet mit, damit das Lernen gut klappt?

5.2.1 Die Kinder erinnern sich an die „Mitarbeiter“ des Gehirns. Dazu nutzen sie das Vorlageblatt „Wer arbeitet mit, damit das Lernen gut klappt?“ (Anlage 4).

Anlage 4: Jedes Kind schneidet die entsprechenden Bilder aus Anlage 2. Die Bilder werden in die Kästchen/ Anlage 4 geklebt. Die Kinder schreiben die richtigen Bezeichnungen unter das Bild.

5.2.2 Die Kinder stellen ihre gestalteten Gehirne vor, sie erzählen, was sie von den Teilen des Gehirns wissen (Partnerarbeit oder Gruppenarbeit).

Geforderte Kompetenzen:
Konzentration, Merkfähigkeit
Auge-Hand-Koordination, Feinmotorik
Umgang mit Materialien/Materialerfahrung
Sprache, Sprechen, Kommunikation
Auditive, visuelle, taktil-propriozeptive, vestibulare Wahrnehmungsverarbeitung
Emotional-Sozialverhalten
Interaktion, Einhalten von Regeln

Materialien:
Vorlage 4
Stifte, Scheren, Uhu

Wer arbeitet mit, damit das Lernen gut klappt? (siehe Anlage 4 auf S. 71)

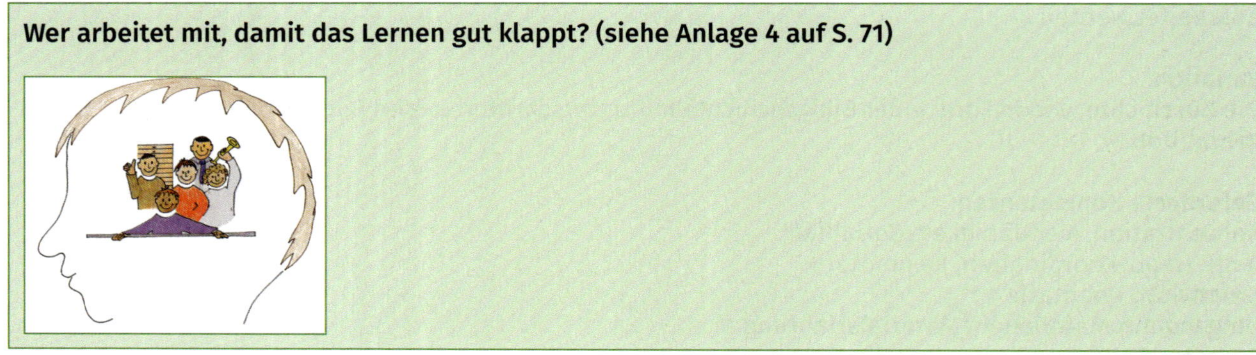

5.3 Mein Gehirn: Wer wohnt wo?

5.3.1 Die Aufgabe kann eigenständig oder als Ergänzungsübung zu 5.2 eingesetzt werden. Die Kinder nutzen für die Bearbeitung das Vorlageblatt „Mein Gehirn: Wer wohnt wo?“ (Anlage 5, 6). Die Kinder ordnen die „Mitarbeiter“ des Gehirns den Anteilen des Gehirns zu.

Anlage 6: Jedes Kind schneidet die Bilder aus.
Anlage 5: Die Bilder werden auf die entsprechenden Gebiete des Gehirns geklebt.

5.3.2 Die Kinder stellen ihre gestalteten Gehirne vor, sie erzählen, was sie von den Teilen des Gehirns wissen (Partnerarbeit oder Gruppenarbeit).

Variation:
Das Wissen wird durch Bilder/Texte oder in reiner Textform nachgearbeitet.

Geforderte Kompetenzen:
Konzentration, Merkfähigkeit, Serialität, Orientierung
Auge-Hand-Koordination, Feinmotorik
Umgang mit Materialien/Materialerfahrung
Sprache, Sprechen, Kommunikation
Auditive, visuelle, taktil-propriozeptive, vestibulare Wahrnehmungsverarbeitung
Emotional-Sozialverhalten
Interaktion, Einhalten von Regeln

Materialien:
Vorlage 5, 6
Scheren, Uhu

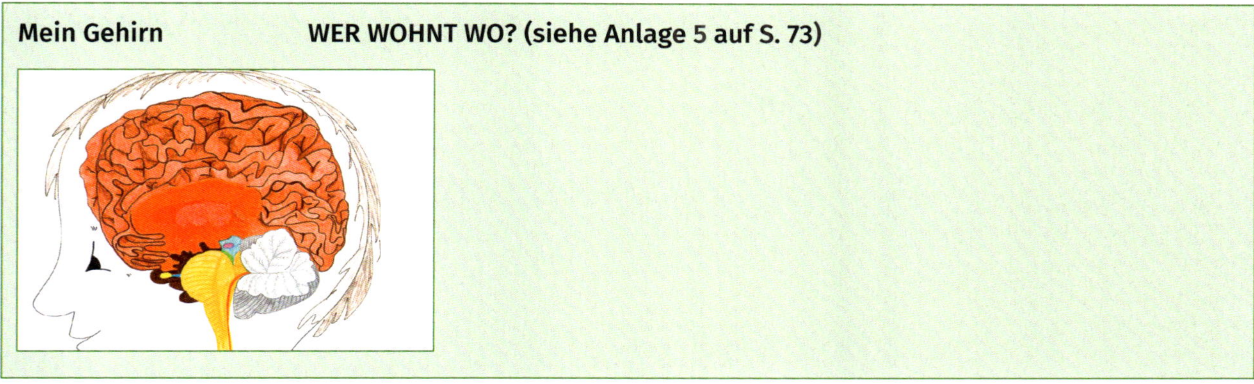

5.4 Meine Lieblings-Gleichgewichtsübung

5.4.1 Die Aufgabe kann eigenständig oder als Ergänzungsübung zu 5.1, 5.2, 5.3 eingesetzt werden. Die Kinder nutzen für die Bearbeitung das Vorlageblatt „Meine Lieblings-Gleichgewichtsübung" (Anlage 7).

Anlage 7: Jedes Kind malt seine Lieblings-Gleichgewichtsübung (es dürfen bei Wunsch auch mehrere Übungen gemalt werden).

5.3.2 Die Kinder stellen ihre Lieblingsübung in Partner- oder Gruppenarbeit vor. Sie erzählen, was sie an dieser Übung besonders mögen.

Variation:
Die Aufgabe wird in Form einer schriftlichen Erzählung erfüllt.

Geforderte Kompetenzen:
Konzentration, Erinnerungsvermögen
Auge-Hand-Koordination, Feinmotorik
Umgang mit Materialien/Materialerfahrung
Sprache, Sprechen, Kommunikation
Auditive, visuelle, taktil-propriozeptive, vestibulare Wahrnehmungsverarbeitung
Emotional-Sozialverhalten
Interaktion, Einhalten von Regeln

Materialien:
Vorlage 7
Stifte/Buntstifte

Meine Gleichgewichts-Bildergeschichte (Anlage 1)

Name_________________ ***Klasse***________________________________

Simon	*Frau Sommer*

Meine Bilder zur Geschichte (Anlage 2) ***Name***________________ ***Klasse***________________________________-

Assi_Adieren.jpg	Assi_2.jpg		Assi_Chaos.jpg	Assi_Rechnen.jpg
Assi_ruht.jpg		BKIG Titel jpg IMG 0247_frei.png	Archiev.jpg	
	Assistent.jpg			

Meine Gleichgewichts-Bildergeschichte (Anlage 3) ***Name***________________ ***Klasse***______________________________-

Wer arbeitet mit, damit das Lernen gut klappt (Anlage 4)

Name ________________ ***Klasse*** ____________________

Mein Gehirn **WER WOHNT WO?** **(Anlage 5)** **Name**________________ **Klasse**__________________________-

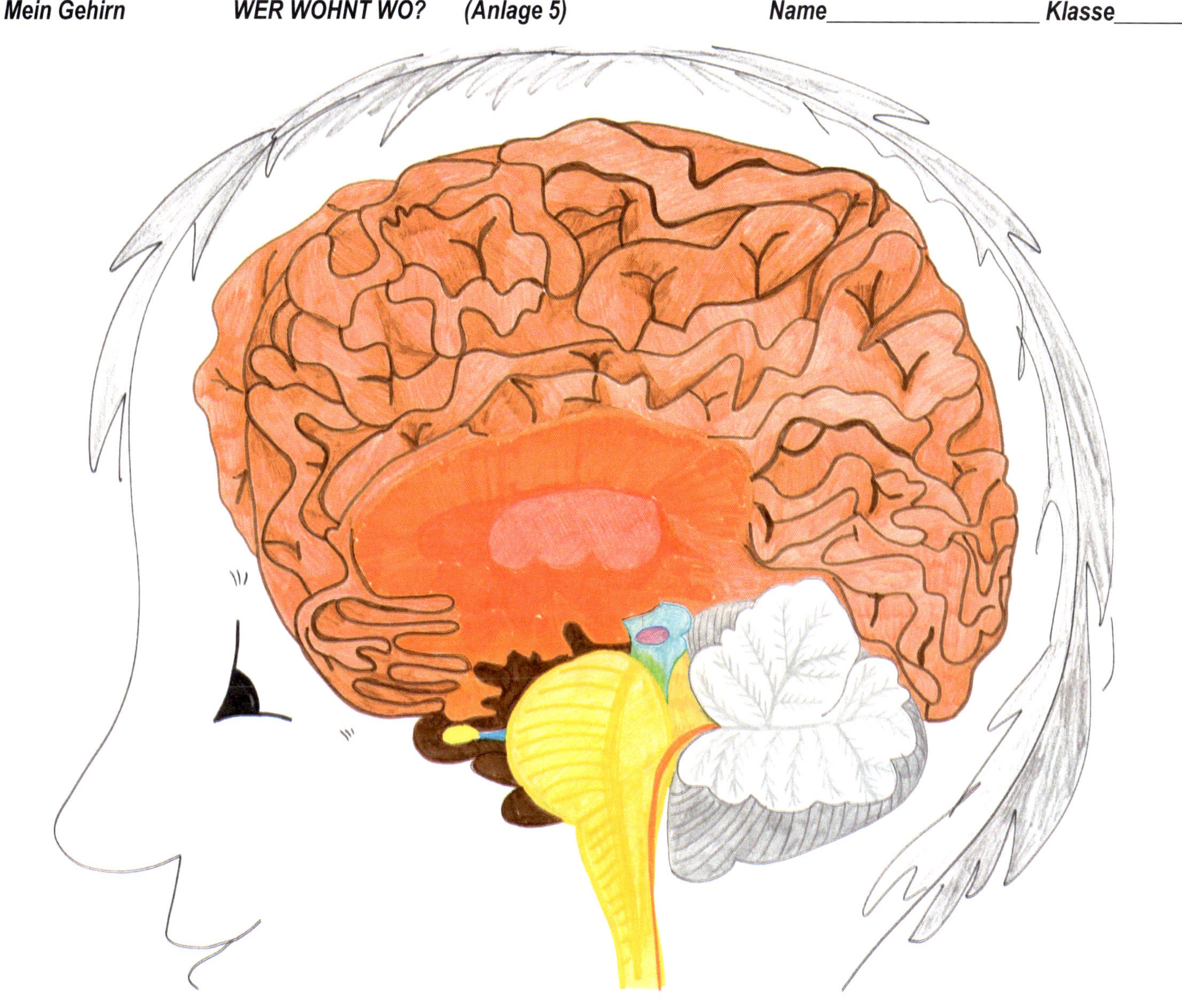

Meine Bilder zum Gehirn (Anlage 6) **_Name_**________________ **_Klasse_**____________________________-

ASSISTENT HIRNSTAMM Assistent.jpg	 ARCHIV GEDÄCHTNIS Archiev.jpg	 BEWEGUNGS-HELFER KLEINHIRN	 CHEF GROßHIRN

Was ist Deine Lieblings-Gleichgewichtsübung. Male ein Bild davon (Anlage 7)

Name ______________________________ ***Klasse*** ______________________________

Literatur

Beigel, D. (2019): Kinder im Gleichgewicht. Ein Eltern-Kind-Programm. Dortmund: verlag modernes lernen.

Beigel, D. (2019): Beweg dich, Schule! – Eine „Prise Bewegung" im täglichen Unterricht der Klassen 1 bis 13. 5. erweiterte Auflage. Dortmund: verlag modernes lernen.

Beigel, D. & Schäfer, U. (2018): Bildung beginnt schon auf dem Wickeltisch. 177 sofort umsetzbare Möglichkeiten, um Kinder in der Entwicklung zu unterstützen. Dortmund: verlag modernes lernen.

Beigel, D. (2018): Bildung kommt ins Gleichgewicht – Bildkarten zur Lernförderung, Stationentraining in Schule und Verein. Dortmund: verlag modernes lernen.

Beigel, D. (2017): Flügel und Wurzeln – Persistierende Restreaktionen frühkindlicher Reflexe und ihre Auswirkungen auf Lernen und Verhalten. 6. Auflage. Dortmund: verlag modernes lernen.

Beigel, D. & Grönemeyer, D. (2014): „Ich wär' jetzt mal 'ne Fledermaus!" Spiel- und Bewegungsgeschichten zur sensomotorischen Förderung. Dortmund: verlag modernes lernen.

Beigel, D. (2013): Bleib in Balance. Aktuelles Unterrichtsmaterial für die Klasse 2-4. Kostenlos abrufbar unter www.dguv-lug.de/gleichgewicht.php

Beigel, D. & Beigel, M. (2012): AUKIS. Auswertungsprogramm für das Konzept Kita und Schule – ein starkes Team. Dortmund: *BORGMANN MEDIA*.

Beigel, D. (2011): Bildung kommt ins Gleichgewicht. Guten Morgen, liebes Knie. Ein Gleichgewichtsprogramm zur Lernunterstützung. 2. Auflage. Dortmund: *BORGMANN MEDIA*.

Beigel, D., Giesbert, J. & Reichenbach, Chr. (2011): Bildung im Durchblick. Ein visuelles Wahrnehmungsprogramm zur Lernunterstützung. Dortmund: *BORGMANN MEDIA*.

Beigel, D. & Grönemeyer, D. (2011): Von Anfang an im Gleichgewicht. Ein Bewegungsprogramm für den Kindergarten mit dem Zwerg Willibald, seinen Freunden und dem kleinen Medicus. 2. Auflage. Dortmund: *BORGMANN MEDIA*.

Beigel, D. (2010) Kita und Schule – ein starkes Team. Beobachten – Erkennen – Planen – Handeln. Dortmund: *BORGMANN MEDIA*.

Beigel, D. (2006): Die Bedeutung frühkindlicher Reflexe für die Auswahl der Angebote in Sport- und Bewegungskindergärten in: Sport- und Bewegungskindergärten Grundlagen – Konzepte – Beispiele, Band 11. Landessportbund Hessen. Frankfurt

Hannaford, C. (1996): Bewegung ist das Tor zum Lernen. Freiburg: VAK.

Kautzmann, G. (1999): Das Wunder im Kopf. München: Zabert & Sandmann.

Kirschbaum, C. (2008): Biopsychologie von A bis Z. Heidelberg: Springer.

Liebertz, Ch. (2004): in Gehirn und Geist 7/2004

Röhr-Sendlmeier, U. (2019): Fit im Beruf – ein Handbuch für die Weiterbildung älterer Berufstätiger. Band 17 Reihe Lebenslang lernen. Berlin: Logos. (Autoren: Una Röhr-Sendlmeier, Udo Käser, Tanja Hüber, Lara Görtner und Lena Stahlhofen unter Mitarbeit von Hannah Huxholl und Julia Reintges.)

Spitzer, M. (2002): Lernen und die Schule des Lebens. Heidelberg: Spektrum Akademischer Verlag.

Versing, T. (2009): Der Neurophysiologische Blick auf das Lernen. München: Grin Verlag.

Gehirn&Geist, Magazin für Psychologie und Hirnforschung Nr. 7–8/2009. Heidelberg: Spektrum der Wissenschaft Verlagsgesellschaft.

Hessisches Kultusministerium (2010): Projekt „Schnecke – Bildung braucht Gesundheit".

Hessisches Kultusministerium (2012): Projekt „Schnecke – Bildung braucht Gesundheit II".

Links im Internet

http://www.spiegel.de/wissenschaft/medizin/0,1518,750043,00.html10.03.2011

http://www.focus.de/gesundheit/ratgeber/gehirn/tid-20488/fakten-zum-gedaechtnis-sport-trainiert-das-kindliche-gedaechtnis_aid_573459.html

http://www.hamburg.de/contentblob/1016502/data/lueften-von-klassenraeumen.pdf.

http://www.wissenschaft.de/wissenschaft/hintergrund/154520.html

http://www.handicap-network.de/handicap/Glossar/glossarg.htm

http://www.wissenschaft.de/wissenschaft/news/311964

http://www.uni-protokolle.de/nachrichten/id/113523/

http://www.geo.de/GEO/mensch/2777.html -

http://www.lifeline.de/news/ernaehrung-und-fitness/mentale-fitness/Schlaf-lernen-id35494.html

Material und Seminare

Fa. Guckloch GmbH

www.guckloch-online.de

Kontakt zu den Autorinnen

Ruth Frey
Sattelbogenstrasse 40
5610 Wohlen
Schweiz
Tel. 0041 (0) 56 6105961
ruth.frey@lernförderung.ch

Dorothea Beigel
Krugwiese 15
38640 Goslar
Tel: 0171585 9992
dbeigel@t-online.de

Zusätzliche Informationen und Kontaktadressen:

www.bildung-kommt-ins-gleichgewicht.de

Danksagung

„Herzlichen Dank!“
Allen Kindern, die uns ihre schönen Bilder zur Verfügung stellten.
Allen Erzieherinnen, Lehrerinnen, Therapeutinnen, Eltern und Seminarleiterinnen, die uns Rückmeldungen zu den pädagogischen Programmen „Bildung kommt ins Gleichgewicht“, „Von Anfang an im Gleichgewicht“ „Bildung beginnt schon auf dem Wickeltisch“ und „Kinder im Gleichgewicht“ gegeben haben.
Unseren Kolleginnen Barbara Boedicker, Ellen Riederer-Hecht, Susanne Rühl-Schneider für ihre engagierte und fachkompetente Unterstützung.
Michael Beigel für seine computertechnische Hilfe.

Ruth Frey
Dorothea Beigel

„Der Floh, der saß auf einem Blatt ...“ (Gleichgewichtsbewegung aus dem Kita Kalender)

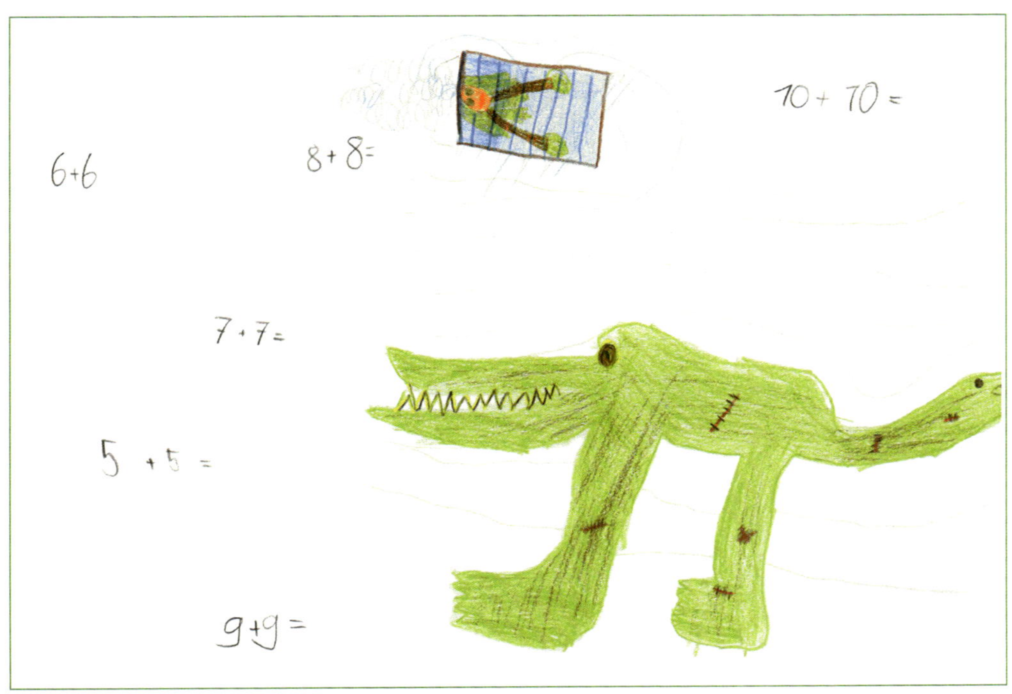

Simon träumt vom Monster

Der Nachdruck des folgenden Textes erfolgt mit freundlicher Genehmigung des Hessischen Kultusministeriums[58].

Projekt Schnecke – Bildung braucht Gesundheit II

Mit Gleichgewichtstraining zu besseren Noten

Die wissenschaftlich begleitete Studie des Hessischen Kultusministeriums (2010-2012) belegt[59]:

Regelmäßiges Gleichgewichtstraining im Schulalltag verschafft messbare schulische Lernerfolge in Deutsch und Mathematik, steigert die Lernfreude und verbessert das Klassenklima.
Das Projekt „Schnecke-Bildung braucht Gesundheit“ (2007-2012)[60] des Hessischen Kultusministeriums beantwortete im
1. Abschnitt 2007-2009 die Forschungsfragen:

- Wie häufig gibt es Auffälligkeiten im Hören, Sehen und Gleichgewicht bei hessischen (Vor-) Schülerinnen und (Vor-) Schülern?

- Besteht eine Korrelation zwischen Auffälligkeiten im Bereich Hören, Sehen und Gleichgewichts und den Noten in Deutsch, Mathematik und Sport?

Schlechtere Noten bei Schwierigkeiten mit dem Gleichgewicht

Die Auswertungen (2009)[61] zeigten eine erschreckend hohe Zahl von Schülerinnen und Schülern mit Schwierigkeiten in der Verarbeitung von Gleichgewichtsreizen.

Schülerinnen und Schülern mit Schwierigkeiten in der Wahrnehmungsverarbeitung des Gleichgewichts zeigten deutlich schlechtere Noten in den Fächern Deutsch, Mathe, Sport als Schülerinnen und Schülern mit gutem Gleichgewicht.
Studienziel der prospektiven kontrollierten Studie „Schnecke – Bildung braucht Gesundheit II“ (2010-2012), die auf den Ergebnissen der Screenings von 2007 – 2009 aufbaute, war

- Die Erfassung einer evtl. Veränderung der Gleichgewichtsverarbeitung durch pädagogische Maßnahmen (regelmäßiges Training des Gleichgewichts im Schulalltag).

- Die Evaluierung von Auswirkung des gezielten Gleichgewichtstrainings in Hinsicht auf ▪ das Leseverständnis (ELFE) ▪ die Rechtschreibfähigkeit (HSP), ▪ die Rechenfähigkeit (DEMAT) ▪ die sozial-emotionale Kompetenz (FEES) ▪ die Fein- und Grobmotorik (MOVEMENT ABC).

Einbezogen in die prospektive Studie wurden Grundschülerinnen und Grundschüler der 2. Klasse aus Hessen über den Studienzeitraum von 18 Monaten.
Die Interventionsgruppe umfasste Schülerinnen und Schüler aus 17 Klassen, in der Kontrollgruppe befanden sich Schülerinnen und Schüler aus 10 Klassen.

In den Interventionsklassen wurde ein tägliches, in den Unterricht gut integrierbares Gleichgewichtsprogramm mithilfe des Gleichgewichtskalenders[62] eingesetzt. Kurze, ritualisierte Gleichgewichtsübungen wurden jeweils zu Beginn einer Schulstunde von der gesamten Klasse durchgeführt - Dauer der einzelnen Übung, die am Platz erfolgte, ca. 3 Minuten.

Bei Wunsch der Klassen konnte das Training von den Schülerinnen und Schülern ergänzt werden. In selbst organisierten Bewegungseinheiten standen ein Mini-Trampolin[63] und/oder Wii Fit Plus und Balance Board von Nintendo[64] zur Verfügung.

---

[58] Herausgeber: Hessisches Kultusministerium, Referat 1.2 – Schulsport, Schule&Gesundheit , Luisenplatz 10, 65185 Wiesbaden, www.kultusministerium.hessen.de

[59] www.schuleundgesundheit.hessen.de

[60] „Schnecke“ benannt nach der Hörschnecke im Innenohr. Initiator des Projekts HNO Arzt Dr. med. Jörg Silberzahn.

[61] Als PDF abrufbar www.schuleundgesundheit.hessen.de

[62] Die Gleichgewichtsübungen wurden entnommen aus: Bildung kommt ins Gleichgewicht. Ein Gleichgewichtsprogramm zur Lernunterstützung (2009). Dortmund: *BORGMANN MEDIA.*

[63] Mini-Trampolin/Schwingolin Bellicon, Bellicon Deutschland GmbH

[64] Übungen zum Gleichgewicht: Nintendo Wii fit Plus/Balance Board.

In den Kontrollgruppen erfolgte keine regelmäßige, gezielte tägliche Gleichgewichtsförderung im Unterricht.

Alle Klassen/Schulen – Interventions- und Kontrollgruppe – waren gleichermaßen engagiert und daran interessierte, ihre Schülerinnen und Schüler zu fördern. Alle waren bereits in selbst gewählte Konzepte eingebunden (z.B. Schulgarten, gesunde Ernährung, Gewaltprävention, Leseförderung, Förderkonzepte von lernschwachen Kindern, Umgang mit dem Internet, Bewegung wie Pausenspiele, Arbeitsgemeinschaften, Zusammenarbeit mit Vereinen ..., Naturforschung, Streitschlichtung und Mediation, Zusammenarbeit Kita und Schule...)

Evaluation unter Begutachtung der Internationalen Ethikkommission (FEKI)

Die Evaluation wurde von Wissenschaftlern der Hochschule Aalen (Prof. Dr. med. Eckhard Hoffmann) und der Hochschule Bochum (Prof. Dr. phil. Christina Reichenbach) durchgeführt. Eine Begutachtung der Internationalen Ethikkommission (FEKI) lag vor.

Zusätzliche Unterstützung erfuhr die Studie durch die Universität Witten-Herdecke (Prof. Dr. med. Dietrich Grönemeyer).

Die Eingangsuntersuchung(T1) im Frühjahr/Sommer 2010 umfasste folgende Bereiche

- Gleichgewichtstestungen
- Hörscreening
- Sehscreening
- Befragungen mittels Fragebogen
- Erhebung des Leistungsstandes im Lesen
- Erhebung des Leistungsstandes Rechtschreiben
- Erhebung des Leistungsstandes Rechnen
- Erhebung des Leistungsstandes im fein- und grobmotorischen Bereich
- Erhebung zu sozial und emotionalen Faktoren im Schulumfeld.

Die Gleichgewichtstestungen und alle Tests zur Erhebung des Leistungsstandes und der sozial-emotionalen Entwicklung wurden zum Ende der Studie Herbst/Winter 2011/2012 noch einmal durchgeführt (T2).

Ergebnisse der Evaluation

Schülerinnen und Schüler der Interventionsgruppe, die regelmäßig die gezielten Gleichgewichtsprogramme im Unterricht nutzen, wiesen bei der Abschlussüberprüfung signifikant bessere Gleichgewichtsleistung auf als Schülerinnen und Schüler der Kontrollgruppe.

Schülerinnen und Schüler der Interventionsgruppe, die regelmäßig die gezielten Gleichgewichtsprogramme im Unterricht nutzen, zeigen parallel zu ihren verbesserten Gleichgewichtsleistungen

- Signifikant bessere Lesefähigkeit (ELFE)
- Signifikant bessere Leistungen im Mathematiktest (DEMAT)
- Tendenz der Verbesserung in der Rechtschreibleistung (HSP).

Es zeigen sich in der Interventionsgruppe zudem positive Veränderungen und signifikante Ergebnisse in Hinblick auf:

- Feinmotorik
- Auge-Hand-Koordination (Movement-ABC)
- Lernfreude
- Klassenklima
- Schuleinstellung - Wohlbefinden des Kindes in der Schule
- Anstrengungsbereitschaft
- Gefühl des Angenommenseins
- Soziale Integration (FEESS)

Um Veränderungen im Klassenklima zu erfassen, wurden die Lehrerinnen und Lehrer der 17 Interventionsklassen bereits nach zehn Monaten Gleichgewichtstraining gebeten, Veränderungen in ihrer Klasse zu benennen. Die Lehrerinnen und Lehrer berichteten schon zu dieser Zeit besonders häufig von vermehrter Konzentration in der Klasse, einer erhöhten Aufmerksamkeit und mehr Ruhe in Arbeitsphasen. Auch das

Sozialverhalten und das Emotionalverhalten entwickelten sich nach dem Eindruck der Pädagoginnen und Pädagogen in den Interventionsklassen positiv.

Nach 18 monatiger Durchführung des Gleichgewichtsprogramms meldeten 100 % der Lehrerinnen und Lehrer zurück, dass ihre Klasse Spaß am Gleichgewichtsprogramm hat, sie keine Lernzeit dadurch verlieren und, dass sich die Schülerinnen und Schüler in ihrer Gleichgewichtsfähigkeit verbessern.

Pädagogen berichten von positivem Einfluss auf Atmosphäre und Konzentration

89% der Pädagoginnen und Pädagogen bemerkten positive Veränderungen in Hinsicht auf die allgemeine Atmosphäre in der Klasse und auf die Konzentration der Kinder.
94% bescheinigten ihren Schülerinnen und Schüler konzentrierte Mitarbeit bei den Übungen.

Rückmeldungen aus der Fragebogenerhebung von Schülerinnen und Schülern der Interventionsgruppe nach 18 Monaten ergaben, dass

- 84% der Jungen und 93% der Mädchen Spaß an den Gleichgewichtsübungen haben.
- 92% der Jungen und 98% der Mädchen es gut finden, dass zusammen in der Klasse trainiert wird.
- 82% der Jungen und 98 % der Mädchen das Gefühl haben, besser im Gleichgewicht geworden zu sein.
- 78% der Jungen und 83% der Mädchen das Gleichgewichtsprogramm auch im kommenden Schuljahr weiter machen möchten.

Zusammenfassung

Die Ergebnisse der Studie „Schnecke-Bildung braucht Gesundheit II“ weisen deutlich nach, dass eine in den Unterricht integrierte tägliche Förderung des Gleichgewichts, breit gefächerte, signifikante positive Effekte auf die Leistungsfähigkeit der Schulkinder hat und eine gute Lernatmosphäre fördert.
Das Projekt „Schnecke-Bildung braucht Gesundheit“ II liefert damit wertvolle Hinweise auf sinnvolle und umsetzbare Fördermaßnahmen, die flächendeckend, ohne besonderen Raumbedarf im täglichen Schulalltag eingesetzt werden können.

Mit Bewegung lässt sich gezielt Bildung verbessern!

Ergänzende Aussagen zum Einsatz des Gleichgewichts-Trainingsprogramms im Bereich der Erwachsenenarbeit

Forschungsergebnisse des Instituts für Psychologie, Universität Bonn (2012–2018) berichten:
Auf der Basis wissenschaftlicher Erkenntnisse wurde im Institut für Psychologie, Universität Bonn unter der Leitung von Frau Prof. Una Röhr-Sendlmeier ein Trainingsprogramm zur Stärkung der allgemeinen Kompetenzen von Berufstätigen ab dem Alter von 50 Jahren entwickelt.
Das Training, bestehend aus fünf Modulen, beinhaltet Stressbewältigung, kognitives Training, metakognitives Training, Training persönlicher Kompetenzen und **Gleichgewichtsübungen aus dem Schulkalender**[65]. Die miteinander verzahnten Inhalte wurden in 15 Sitzungen zu je zweieinhalb Stunden Dauer in Kleingruppen bis zu 15 Personen vermittelt (Erprobung des Trainingsprogramms mit rund 700 Personen im Kontrollgruppendesign). Die Trainingsteilnehmer verbesserten sich signifikant in ihrer beruflichen Handlungsfähigkeit, ihrer allgemeinen kognitiven Leistungsfähigkeit und ihrer Gesundheit gegenüber nicht trainierten Personen[66].

„Bewegung und Wahrnehmung
fördern die Entwicklung von Lernen und Verhalten von Anfang an,
verbessern Bildungschancen und Leistungen lebenslang,
schützen erworbene Fähigkeiten bis ins hohe Alter,
sind wichtiges Futter für das menschliche Gehirn!“[67]

[65] Die Gleichgewichtsübungen wurden entnommen aus: Bildung kommt ins Gleichgewicht. Dortmund: verlag modernes lernen Anstelle der Verse und Sprüche nutzten die Erwachsenen die alternativ angebotenen Atemmöglichkeiten bei den Gleichgewichtsübungen.

[66] Literatur zum Trainingsprogramm: (2019) Fit im Beruf - ein Handbuch für die Weiterbildung älterer Berufstätiger. Band 17 Reihe Lebenslang lernen. Logos Verlag, Berlin, Autoren: Una Röhr-Sendlmeier, Udo Käser, Tanja Hüber, Lara Görtner und Lena Stahlhofen unter Mitarbeit von Hannah Huxholl und Julia Reintges.

[67] Dorothea Beigel 2019

Aus der Praxis für die Praxis

Sabine Pauli / Andrea Kisch

Geschickte Hände

Handgeschicklichkeit bei Kindern - Spielerische Förderung von 4-10 Jahren

Kinder mit fein- und grafomotorischen Schwierigkeiten haben im Alltag vielfältige Betätigungsprobleme und zeigen häufig eine starke Vermeidungshaltung gegenüber fein- und grafomotorischen Tätigkeiten. Deshalb ist es wichtig, sie durch fantasievolle Übungsangebote an fein- und grafomotorisches Arbeiten heranzuführen. Dieses Buch möchte darin unterstützen, das Förderangebot individuell, zielgerichtet und alltagsrelevant zu gestalten.

Zuerst wird die durchschnittliche Entwicklung der Handgeschicklichkeit, des Malens und der Grafomotorik von 0-10 Jahren beschrieben. Damit kann der Entwicklungsstand der Kinder festgestellt werden.

Dann ist die Handgeschicklichkeit in 8 Teilaspekte gegliedert, um Auffälligkeiten zielgerichtet beobachten zu können. Diese werden beschrieben und gezielte Übungen zu den einzelnen Teilaspekten vorgestellt.

Danach folgt eine reichhaltige Spielesammlung zu den Teilaspekten der Handgeschicklichkeit in unterschiedlichen Kombinationen. Die Kombination der Teilaspekte ist so zusammengestellt, wie sie häufig als Ursache für die Betätigungsschwierigkeiten der Kinder zu beobachten sind. Abschließend wird die Bedeutung des Malens als Grundlage zur Grafomotorik dargestellt. Über 50 interessante, kurzweilige Ideen geben Anregungen, um Kinder zum Malen zu motivieren.

2., durchgesehene Aufl. 2019, 208 S., mit Lesezeichen, Format 16x23cm, Klappenbroschur, Alter: 4-10

ISBN 978-3-8080-0874-4 | Bestell-Nr. 1609 | 19,95 Euro

Martin Vetter / Susanne Amft / Karoline Sammann / Irene Kranz

G-FIPPS: Grafomotorische Förderung

Ein psychomotorisches Praxisbuch

Die von den Autoren im Rahmen eines integrativ und präventiv ausgerichteten Forschungsprojektes entwickelte G-FIPPS-Förderkonzeption zur grafomotorischen Unterstützung von Kindern lässt sich ideal im Kindergarten- und Grundschulbereich einsetzen, ist aber auch in Kindergruppen außerhalb des schulischen Settings durchführbar. Den roten Faden bietet eine spannende Rahmengeschichte mit dem bekannten Elefanten Elmar aus den Büchern von David McKee. Durch die Möglichkeit der individuellen Arbeitsweise in der Gruppe haben Kinder mit unterschiedlichen Voraussetzungen die Chance, von der Förderung zu profitieren. Somit wird Inklusion ermöglicht. Die Besonderheit der G-FIPPS-Förderkonzeption ist es, dass es sich nicht um ein auf den Erwerb von grob- und feinmotorischen Fertigkeiten reduziertes Lernprogramm handelt. G-FIPPS erhebt den Anspruch, zur Verbesserung von grafomotorischen Fähigkeiten auch den persönlichen Ausdruck und die sozial-kommunikativen Fähigkeiten des Kindes, im Sinne eines umfassenden psychomotorischen Grafomotorik-Verständnisses, zu fördern.

2. Aufl. 2016, 192 S., farbige Abb., DIN A4, Klappenbroschur, Alter: 4-8

ISBN 978-3-938187-52-4 | Bestell-Nr. 9402 | 22,80 Euro

Christine Leutkart / Annemarie Steiner (Hrsg.)

Malen, bauen und erfinden

Ästhetische Bildung in Kindertageseinrichtungen

Dieses Buch bietet nicht nur eine Fülle an künstlerischen Techniken für Kinder mit praktisch orientierten Impulsen, sondern es werden auch theoretische Grundlagen rund um ästhetisch-künstlerische Prozesse vermittelt. Es richtet sich besonders an pädagogische Fachkräfte, die ihre Kenntnisse im Bereich der ästhetischen Bildung auffrischen und vertiefen wollen sowie Anregungen für die Praxis suchen. Die Herausgeberinnen und Autorinnen unterrichten seit Jahren an Fachschulen für Sozialpädagogik oder arbeiten in Kitas. Sie zeigen auf, welche Möglichkeiten es gibt, theoretische Erkenntnisse zur frühkindlichen Bildung im ästhetischen Bereich auf unkomplizierte Weise mit praktischem Tun zu verknüpfen.

2017, 224 S., farbige Abb., Format 16x23cm, Klappenbroschur, Alter: 3–6

ISBN 978-3-8080-0767-9 | Bestell-Nr. 1266 | 19,95 Euro

Günter Pütz / Manuela Rösner

Von 0 auf 36

Beobachtungs- und Spielsituationen zur Entwicklungsbegleitung von Kindern unter 3

„Insgesamt halte ich das Buch für empfehlenswert; es hilft, die Entwicklung der Kinder in einem Altersbereich zu begleiten, zu beobachten und zu fördern, in dem sie so richtig 'Gas geben', von 0 auf 36." Dr. Lothar Unzner, socialnet.de

„Die Gestaltung des Buches ist sehr klar und übersichtlich und macht eine leichte Handhabung möglich. Gerade die ersten Kapitel fassen kompaktes Wissen zu den Entwicklungsbereichen auf wenigen Seiten übersichtlich und vor allem verständlich zusammen. Die Beschreibung der Beobachtungsaufgaben sind farblich den Entwicklungsmonaten und den dazugehörigen Beobachtungsbögen zugeordnet.

Die Beobachtungsaufgaben sind mit wenig Material umsetzbar und gut in den Tageslauf integrierbar. ... Meine persönliche Empfehlung: Von '0 auf 36' halte ich für besonders geeignet für die Dokumentation in der Tagespflege." Daniela Pfaffenberger, kigaportal.com

2., bearbeitete Aufl. 2017, 160 S., farbige Abb., Beigabe: Formulare zusätzlich als Download, Format DIN A4, Klappenbroschur, Alter: 0-3

ISBN 978-3-8080-0822-5 | Bestell-Nr. 1253 | 22,95 Euro

Schleefstraße 14, D-44287 Dortmund
Telefon 0231 - 128008, Fax 0231 - 125640
E-Mail: info@verlag-modernes-lernen.de
Leseproben, Rezensionen, Bestellen im Internet:
www.verlag-modernes-lernen.de

Dorothea Beigel

Flügel und Wurzeln

Persistierende Restreaktionen frühkindlicher Reflexe und ihre Auswirkungen auf Lernen und Verhalten

„Flügel und Wurzeln" ist aus dem Wunsch heraus entstanden, beim Leser Verständnis für teilleistungs- und verhaltensauffällige Kinder zu wecken und Wege aufzuzeigen, die Hintergründe solcher Störungen zu begreifen und deren Auswirkungen frühzeitig zu kompensieren.

Die Autorin gibt einen Überblick über die Sinnessysteme des Menschen und geht auf persistierende Restreaktionen frühkindlicher Reflexe ein. Sie beschreibt Möglichkeiten und Erfahrungen aus der Arbeit mit Bewegungsprogrammen zur Integration von Restreaktionen frühkindlicher Reflexe.

In eigens hervorgehobenen Ratschlägen für Elternhaus, Kindergarten und Schule wird aus Sicht einer Pädagogin darauf hingewiesen wie Teilleistungsstörungen vorgebeugt werden kann und wie sie ausgeglichen werden können.

Ein Buch, das angesichts der immer schneller anwachsenden Zahl „auffälliger" Kinder auf die pragmatischen Möglichkeiten eines Staatlichen Schulamtes hinweist. Angesichts der politischen Folgerungen aus der Pisa-Studie ist es als Plädoyer für eine gedeihliche Kindheit in Elternhaus, Kindergarten und Schule zu verstehen. Es geht darum, die kindlichen „Wurzeln" wachsen und gedeihen zu lassen und auf diese Weise den Kindern „Flügel" zu geben, mit denen sie sich gesund und erfolgreich den Herausforderungen der Gegenwart und Zukunft stellen können.

Interessenten: Erzieherinnen, Lehrer, Eltern
Zielgruppe: Kindergarten, Grundschule
Bestseller: über 25.000 Auflage!
7. Aufl. 2018, 256 S., Format 16x23cm, fester Einband, Alter: Kiga, GS
ISBN 978-3-8080-0833-1 | Bestell-Nr. 1154 | 20,40 Euro

Dorothea Beigel / Juliane Giesbert / Christina Reichenbach unter Mitarbeit von Daniela Krause und Ingo Bertram

Bildung mit „Durchblick"

Ein visuelles Wahrnehmungsprogramm zur Lernunterstützung

„Die Autoren bieten ein Förderprogramm für die (möglichst) tägliche Übung von Kindern. Sie zeigen die Zusammenhänge zwischen visueller Wahrnehmung und Lernen auf, beschreiben die Abläufe bei Wahrnehmungsprozessen und verweisen auf diagnostische Verfahren. Umfangreiches Bild- und Aufgabenmaterial wird durch vielfältige methodische Hinweise für deren Einsatz ergänzt. Der riesige Fundus an Aufgabenstellungen bietet die Grundlage für die Durchführung. Das Buch bietet eine sehr gut verständliche Anleitung zur Förderung und wird deshalb den Pädagogen Sicherheit bei ihrer Arbeit geben." AG Jugendliteratur & Medien der GEW

2011, 176 S., farbige Abb., Beigabe: Vorlagen zusätzlich auf CD-ROM, Format DIN A4, Klappenbroschur, Alter: 6–12
ISBN 978-3-938187-70-8 | Bestell-Nr. 9420 | 19,95 Euro

Dorothea Beigel / Ruth Frey

Was ist los in meinem Kopf?

Eine Geschichte für kleine und große Leute, die verstehen wollen, warum das Gleichgewicht für das Lernen so wichtig ist

Als wunderbare Ergänzung zu ihren Kalendern hat Dorothea Beigel zusammen mit Ruth Frey ein neues Demo-Material für Therapie und Unterricht herausgebracht. Buch und Material – Poster (Silhouette eines Gehirns) und Begleitheft mit der Geschichte und Spielideen sowie Kopiervorlagen der einzelnen Hirnareale – geben Lehrerinnen, Erzieherinnen, Eltern und Therapeutinnen praktische, sofort einsetzbare Anregung, um kindgerechte Antworten auf Fragen zum eigenen Gehirn, zum Lernen und zur Bedeutung von Bewegung zu geben. Ergänzt wird die Geschichte durch Minuten-Spielideen für das Klassenzimmer und durch Antworten auf „noch mehr" Kinderfragen zum Gehirn.

3., überarbeitete Auflage 2020, 88 S. Begleitheft mit 14 Farbtafeln, Beigabe: Poster DIN A3 und Vorlagen als Download, Groß-Format DIN A4, geh, Alter: 5–10 | **ISBN 978-3-942976-27-5 | Bestell-Nr. 9446 | 19,95 Euro**

Dorothea Beigel / Dietrich Grönemeyer

„Ich wär' jetzt mal 'ne Fledermaus!"

Spiel- und Bewegungsgeschichten zur sensomotorischen Förderung

Dieses Praxisbuch bietet über 50 kindgerechte Bewegungsgeschichten zur spielerischen Schulung der Sensomotorik. Frühkindliche Bewegungsmuster werden liebevoll aufgegriffen, verfeinert, variiert und ausgebaut. Ritchie, der Ringelwurm, der die Kinder Bewegungsmuster rund um den Tonischen Labyrinth Reflex spielen lässt, ist ebenso wie die Tausendfüßler Fritzchen und Marleen, die so gerne barfuß gehen (Fußgreifreflex), oder Freddy, die freche Fledermaus (Asymmetrisch Tonischer Nackenreflex) Akteur in den Geschichten.

Jedes Kapitel beinhaltet: • Eine kurze, übersichtliche Zusammenstellung der Merkmale des frühkindlichen Bewegungsmusters (Moro Reflex, TLR, ATNR, STNR, Palmar Reflex, Plantar Reflex) • Klare Hinweise zu den Bewegungsabläufen in den einzelnen Geschichten, zusätzliche Fotos • Geschichten, die aus Sicht der sensomotorischen Entwicklung des Kindes aufeinander aufbauen und inhaltlich miteinander verbunden sind. Die Hauptakteure der Kapitel, wie Babsi, die Ball-Biene, Ritchie, der Ringelwurm, Kati, das Kuller-Kätzchen, Heidi Hand und Hansi Hand, die Zwillinge aus dem Spinnenland, die Tausendfüßler Fritzchen und Marleen, die so gerne barfuß gehen, Mia, die Musik-Mücke oder Freddy, die freche Fledermaus ermöglichen das Spiel mit der Bewegung • Vertiefende Informationen zur menschlichen Entwicklung und zum Körper. Dieses Buch, durch das Zwerg Willibald und, als medizinischer Berater, der kleine Medicus begleiten, bietet sich für Erzieherinnen, Lehrerinnen und Therapeutinnen auch als Ergänzung zum Beobachtungsverfahren „Kita und Schule - ein starkes Team" und als praktische Erweiterung zu „Flügel und Wurzeln, Restreaktionen frühkindlicher Reflexe und ihre Auswirkungen auf Lernen und Verhalten" an.

2. Aufl. 2017, 224 S., farbige Abb., DIN A4, Ringbindung, Alter: 4–8
ISBN 978-3-8080-0727-3 | Bestell-Nr. 1252 | 21,50 Euro

BORGMANN MEDIA

verlag modernes lernen borgmann publishing

Schleefstraße 14, D-44287 Dortmund
Telefon 02 31 - 12 80 08
Fax 02 31 - 12 56 40
Leseproben, Rezensionen, Bestellen im Internet:
www.verlag-modernes-lernen.de

Bewegtes Lernen mit Dorothea Beigel !

Dorothea Beigel /
Jörg Silberzahn

Entdecken Sie Ihr Gleichgewicht!

Ü30-Wellness- und Trainingsprogramm

Kalender und Buch zeigen einen wundervollen Weg, den eigenen Körper, den Geist und das Wohlbefinden durch ein einfaches und umsetzbares Gleichgewichtstraining zu unterstützen. Es ist für einzelne Personen und für Gruppen geeignet. Es kann in vielen medizinisch-therapeutischen Bereichen, in Sportgruppen, in der Lehrer- und Erziehergesundheit, bei der Arbeit mit Senioren, in der Erwachsenenbildung, zur Bewegungspflege von Demenzerkrankten eingesetzt werden.

2015, Medienpaket bestehend aus: Poster-Kalenderbuch DIN A3 quer, 28 Blatt, farbig, Ringbindung + Begleitbuch 144 S., farbige Abb., Format DIN A4, br; beides im Pappschuber, Alter: ab 30

ISBN 978-3-8080-0744-0 | Bestell-Nr. 1257 | 29,80 Euro

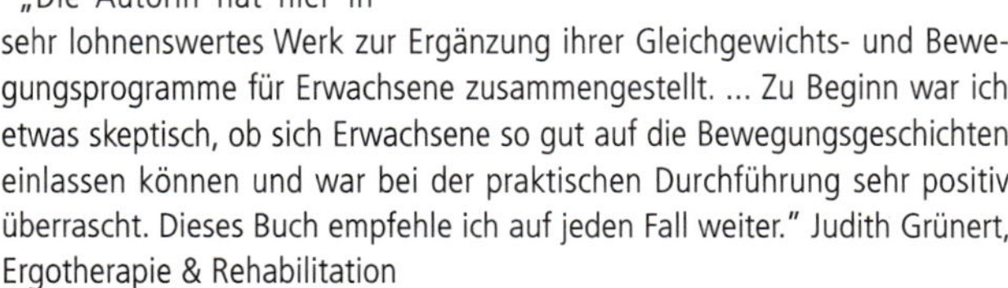

Dorothea Beigel

Traumhafte Bewegungen

Bewegungsgeschichten für Erwachsene, die ihr körperliches und seelisches Gleichgewicht unterstützen möchten

„Die Autorin hat hier in sehr lohnenswertes Werk zur Ergänzung ihrer Gleichgewichts- und Bewegungsprogramme für Erwachsene zusammengestellt. ... Zu Beginn war ich etwas skeptisch, ob sich Erwachsene so gut auf die Bewegungsgeschichten einlassen können und war bei der praktischen Durchführung sehr positiv überrascht. Dieses Buch empfehle ich auf jeden Fall weiter." Judith Grünert, Ergotherapie & Rehabilitation

„Mein Gleichgewicht liebt diese Geschichten!"

Eine der vielen positiven Teilnehmer-Rückmeldungen

2016, 200 S., farbige Abb., Format DIN A4, Ringbindung, Alter: Erwachsene

ISBN 978-3-8080-0766-2 | Bestell-Nr. 1265 | 21,50 Euro

Dorothea Beigel / Ute Schäfer

Bildung beginnt schon auf dem Wickeltisch

177 sofort umsetzbare Möglichkeiten, um Kinder in ihrer Entwicklung zu unterstützen

„Das Praxisbuch spricht Fachleute, Eltern und Großeltern an. Durch die klare Strukturierung kann es als Nachschlagewerk benutzt werden. Die Verknüpfung zwischen Theorie und Praxis ist gelungen. Im Zeitalter der Digitalisierung ist es wesentlich, Eltern und Erzieher immer wieder daran zu erinnern, dass zwischenmenschliche Kommunikation und die gemeinsame Tätigkeit Fundament für eine stabile Entwicklung sind." Ulrike Ziemer, socialnet.de

2018, 256 S., farbige Abb., Format DIN A4, Ringbindung, Alter: 0–8

ISBN 978-3-8080-0832-4 | Bestell-Nr. 1290 | 23,95 Euro

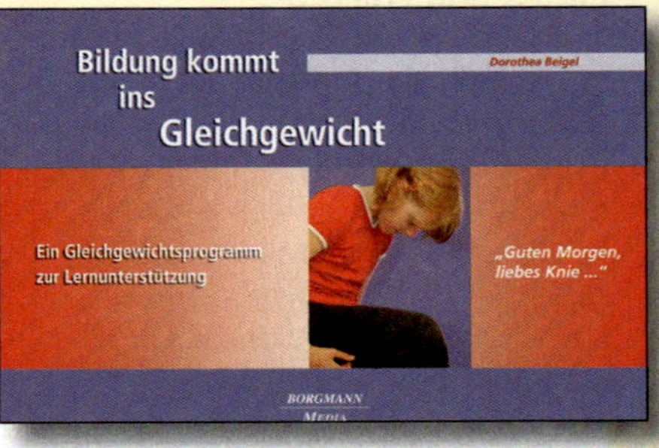

Dorothea Beigel

Bildung kommt ins Gleichgewicht

„Guten Morgen, liebes Knie ..." – Ein Gleichgewichtsprogramm zur Lernunterstützung

Dieses Material bietet leicht umsetzbares Handwerkszeug für den täglichen Schulalltag und ist mit einem Zeitaufwand von 1-3 Minuten pro Unterrichtsstunde ohne speziellen Raumbedarf in allen Klassenstufen und in allen Schulformen durchführbar. Es regt den Lehrer an, sich aktiv am „kleinen Bewegungsprogramm" zu beteiligen, um das eigene Gleichgewicht zu pflegen und die Konzentration und die Lernmöglichkeit der Schüler zu fördern. Das fünfstufige Gleichgewichtsprogramm kann mit anderen Förderungen unkompliziert verbunden werden.

3. Aufl. 2015, Medienpaket bestehend aus: Poster-Kalender DIN A3 quer, 12 Blatt, farbig, Ringbindung + Begleitheft 72 S., Format DIN A4, geh; beides im Pappschuber, Alter: ab 5

ISBN 978-3-938187-53-1 | Bestell-Nr. 9404 | 24,80 Euro

NEU

Dorothea Beigel

Beweg dich, Schule!

Eine „Prise Bewegung" im täglichen Unterricht der Klassen 1 bis13

Der reichhaltige, nochmals erweiterte Praxisteil besteht aus Bewegungsbeispielen guter Praxis, die direkt an der Stoffvermittlung einzelner Fächer ansetzen. Die Spiel- und Bewegungsangebote sind kurzzeitig, variabel und jederzeit für Kinder, Jugendliche und Erwachsene altersangemessen einsetzbar, ohne dass zusätzlicher Material- und/oder Raumbedarf im Unterricht entsteht. Sie fördern sowohl die fachlichen als auch überfachlichen Kompetenzen der Schülerinnen und Schüler.

Der Praxisteil gliedert sich schwerpunktmäßig in die Bereiche Mathematik, Deutsch, Fremdsprachen und übergreifende Fächerangebote (Geschichte, Politik, Naturwissenschaften ...).

5., überarbeitete und erweiterte Auflage 2019, 352 S., farbige Abb., Format 16x23cm, fester Einband, Alter: 6–20

ISBN 978-3-8080-0855-3 | Bestell-Nr. 1311 | 23,95 Euro

Dorothea Beigel

Entdecken Sie Ihr Gleichgewicht! – Bildkarten zur Gesundheitsförderung

Gleichgewichtstraining im Sitzen und Stehen

Die Piktogramme zeigen Übungen, die den eigenen Körper, den Geist und das Wohlbefinden durch ein einfaches und umsetzbares Gleichgewichtstraining unterstützen. Sie sind in fünf Schwierigkeitsstufen aufgebaut und können wahlweise ein- bis mehrmals am Tag genutzt werden.

2018, 40 stabile Karten mit Anleitung, SW-Illustrationen, Format DIN A5, im Stülpdeckelkarton, Alter: ab 30

ISBN 978-3-8080-0849-2 | Bestell-Nr. 1300 | 24,95 Euro

BORGMANN MEDIA

verlag modernes lernen borgmann publishing

Schleefstraße 14, D-44287 Dortmund
Telefon 02 31 - 12 80 08
Fax 02 31 - 12 56 40
Leseproben, Rezensionen, Bestellen im Internet:
www.verlag-modernes-lernen.de